PFLANZEN UND TIERE IM HEILIGEN LAND

Peter Goodfellow

PFLANZEN UND TIERE IM HEILIGEN LAND

Eine illustrierte Naturgeschichte der Bibel

Aus dem Englischen von
Gisella M. Vorderobermeier

wbg THEISS

Die englische Ausgabe erschien unter dem Titel
The Natural History Of The Bible. A Guide For Bible Readers And Naturalists.
© John Beaufoy Publishing
Diese Ausgabe erscheint gemäß der Vereinbarung
mit John Beaufoy Publishing in deutscher Erstübersetzung
bei der Wissenschaftlichen Buchgesellschaft, Darmstadt.
Copyright der deutschen Übersetzung © 2019
Wissenschaftliche Buchgesellschaft, Darmstadt

Die Deutsche Nationalbibliothek verzeichnet diese Publikation
in der Deutschen Nationalbibliografie;
detaillierte bibliografische Daten sind im Internet über
http://dnb.d-nb.de abrufbar.

Das Werk ist in allen seinen Teilen urheberrechtlich geschützt.
Jede Verwertung ist ohne Zustimmung des Verlags unzulässig.
Das gilt insbesondere für Vervielfältigungen, Übersetzungen,
Mikroverfilmungen und die Einspeicherung in und Verarbeitung
durch elektronische Systeme.

wbg Theiss ist ein Imprint der wbg.

© 2019 by wbg (Wissenschaftliche Buchgesellschaft), Darmstadt
Die Herausgabe des Werkes wurde durch die Vereinsmitglieder der wbg ermöglicht.
Satz: Textbüro Vorderobermeier GbR, München
Gedruckt auf säurefreiem und alterungsbeständigem Papier
Printed in Germany

Besuchen Sie uns im Internet: www.wissenverbindet.de

ISBN 978-3-8062-3959-1

SEITE 2: TRISTRAMSTAR; SEITE 3: ESEL

∽ Inhalt ∾

Kapitel	Geografie und Vegetation des heiligen Landes	6
Kapitel I	Bäume und Sträucher	12
Kapitel II	Getreide, Kräuter und Blumen	48
Kapitel V	Säugetiere	72
Kapitel V	Vögel	110
Kapitel VI	Andere Tiere	156

∽∾

Literatur und Danksagung 182

Register 183

KAPITEL I

GEOGRAFIE UND VEGETATION DES HEILIGEN LANDES

Als Moses die Israeliten aus Ägypten führte, durchwanderten sie 40 Jahre lang die Wüste, bevor sie das verheißene Land erblickten. Hier verwehrte Gott Moses, den Fluss Jordan zu überqueren, um das Gelobte Land zu betreten. Stattdessen wies er ihn an: „Steig auf den Gipfel des Berges Pisga und schau dich nach allen Seiten um!" (Dtn 3,27) Der Pisga oder Berg Nebo befindet sich im nördlichen Teil des Landes Moab, an der Nordostseite des Toten Meers. Hier konnte Moses das gesamte Land sehen, das seinem Volk zuteilwerden sollte, und von hier aus können wir eine Vorstellung davon gewinnen, wie vielfältig die von der Tierwelt der Bibel bevölkerte Landschaft ist: Berge, Wälder, Felder, Wasser, Wüste und menschliche Siedlungen.

Das Land, von dem wir lesen, fügt sich nicht nahtlos in eine moderne politische Karte ein. Obwohl die Juden viele Jahre in Ägypten und Babylon lebten, spielt sich der Großteil ihrer Geschichte in einem ‚Palästina' ab, das sich heute auf zwei Staaten verteilt, Israel und Jordanien. Die politischen Gegebenheiten in der Region bringen es mit sich, dass es für viele Menschen eine brisante Frage ist, wem ein Recht über verschiedene Teile dieses Landes zusteht, und so meint im Folgenden, wenn nicht ausdrücklich anders angegeben, ‚Palästina' das Land in der Bibel, ‚Jordan' bezieht sich auf den Fluss oder das nach ihm benannte Tal und ‚Israel' auf den alten Namen des jüdischen Königreichs, das sich nördlich von Jerusalem erstreckte, im Gegensatz zum südlich davon befindlichen Juda.

Es sind die Berge entlang der Ostküste des Mittelmeers, die die Landstriche der Bibel formen, das Heilige Land, wie die Christen es nennen. In Küstennähe verlaufen zwei Gebirgsketten parallel von Norden nach Süden. Die westliche Kette verläuft von einem hoch über Tarsus, dem Geburtsort des Hl. Paulus, gelegenen Gipfel (3685 m; Kleinasien, heutige Türkei) ohne Unterbrechung bis zum al-Qurnat as-Sauda (3.087 m) im Libanon, der mit ewigem Schnee bedeckt ist. Von dort geht das Hochland in die Gebiete nördlich und südlich von Galiläa über, wobei es an der Küste zum Berg Karmel (Teil eines 23 km langen und 8-10 km breiten Höhenzugs mit 546 m an der höchsten Erhebung) ansteigt, und in das plateauförmige Hügelland, zu dem Jerusalem (754 m), Bethlehem (775 m), Hebron (930 m) und die meisten historischen Stätten Palästinas gehören. Südlich davon liegt der Negev, ‚die Wildnis', wie er etwa in „Ich bin eine Stimme jemandes, der in der Wildnis ruft" (Jes 40,3 und Joh 1,23) bezeichnet wird, oder ‚die Wüste' wie in modernen Übersetzungen.

Die östliche Kette, die sich von Nord nach Süd durch Syrien zieht, ist nicht so hoch wie die westliche, doch entspringen hier die großen Flüsse des Gebiets – Orontes, Parpar und Jordan. Ihre höchste

Topografische Karte des Heiligen Lands

Geografie und Vegetation

Erhebung ist der schneebedeckte Hermon oder Jabal al-Shaykh (2.814 m), der ganz Palästina überblickt und als Ort der Verklärung Jesu gilt (Mt 17,1). Die Hügel verlaufen weiter durch Gilead, Moab und Edom östlich von Jordan und Totem Meer und umfassen auch den Berg Nebo, auf dem Moses stand.

Zwischen den beiden Bergketten befindet sich die bemerkenswerteste geografische Gegebenheit des Landes, das tiefe Tal bzw. der Graben, in dem der Jordan, der See Genezareth und das Tote Meer liegen, allesamt Teil des Großen Afrikanischen Grabenbruchs, der sich über ca. 6.000 km von der Bekaa-Ebene im Libanon bis Mosambik im östlichen Afrika erstreckt. Das Tote Meer, das sich 429 m *unterhalb des Meeresspiegels* befindet, ist der am tiefsten gelegene See der Erde und eines ihrer salzhaltigsten Gewässer – ein sehr unwirtlicher Lebensraum, daher auch der Name.

Große Verwerfungen in der Erdkruste trugen zur Entstehung von Palästina bei, und diese Aktivität ist bis heute nicht zum Stillstand gekommen. Erdbeben werden in der Bibel mehrfach erwähnt – zum Teil mit erstaunlich genauen Angaben, etwa wenn der Prophet Amos sagt:

> **AMOS 1,1** *Zwei Jahre vor dem großen Erdbeben offenbarte ihm Gott, was er mit dem Nordreich Israel vorhatte. Damals regierte in Juda König Usija, und in Israel herrschte Jerobeam, der Sohn von Joasch.*

Dieses Ereignis war ein großer Schock, der lange in Erinnerung blieb. Zwei der bekanntesten Geschichten im Neuen Testament (NT) handeln von dem Moment, als Jesus am Kreuz starb …

DAS HISTORISCHE PALÄSTINA

> **MATTHÄUS 27,51-52**
>
> *Im selben Augenblick zerriss im Tempel der Vorhang vor dem Allerheiligsten von oben bis unten. Die Erde bebte, und die Felsen zerbarsten. Gräber öffneten sich …*

… beziehungsweise der Zeit, als der Hl. Paulus und Silas in Mazedonien im Gefängnis waren:

> **APOSTELGESCHICHTE 16,25-26**
>
> *Gegen Mitternacht beteten Paulus und Silas. Sie lobten Gott mit Liedern, und die übrigen Gefangenen hörten ihnen zu. Plötzlich bebte die Erde so heftig, dass das ganze Gefängnis bis in die Grundmauern erschüttert wurde …*

Niemand wurde verletzt, niemand entkam, und Paulus und Silas beschwichtigten die Furcht des Gefängniswärters, so dass er zum Glauben übertrat.

Das heutige Israel kennt regelmäßige seismische Stöße und hat in den letzten Jahren mehrere Erdbeben erlebt, die Gebäude erschüttert, aber nur wenige Schäden angerichtet und keine Todesopfer gefordert haben.

Das Heilige Land hat ein mediterranes Klima mit langen, heißen, trockenen Sommern und kurzen, kalten, regnerischen Wintern – mit gewissen örtlichen Abweichungen. Das Klima wird durch seine Lage zwischen der für Ägypten typischen subtropischen Trockenheit und der subtropischen Feuchtigkeit der östlichen Mittelmeergegend bestimmt. Der Januar ist der kälteste Monat (5 bis 10 °C) und der August (18 bis 38 °C) der heißeste. Es gibt eine ausgeprägte Trockenperiode, die äußerst regelmäßig um den 15. Juni beginnt und um den 15. September endet. Während dieser Zeit gleicht ein Tag dem anderen. Es kommen zuweilen recht starke Winde auf, die jedoch meist beständig sind, so dass dies in biblischen Zeiten die für die Seefahrt geeignete Zeit ist. Die Winde in der Regenperiode hingegen sind erheblich wechselhafter und gefährlicher, wie etwa, als Paulus nach Rom gebracht wird (Apg 27) oder als Jesus den Sturm auf dem See Genezareth beruhigt (Mk 4 und Lk 8). Die kühlere Regensaison dauert den Rest des Jahres an. Der Winterregen ist nicht so regelmäßig und merkliche Regenfälle können bis nach Weihnachten auf sich warten lassen. Die Durchschnittstemperatur liegt im Jordantal von Mai bis Oktober normalerweise deutlich über 30 °C; die Winter sind wesentlich kälter, unter 10° C von Dezember bis Februar. In Jerusalem beträgt die Durchschnittstemperatur im August 29 °C, während sie im Januar bei lediglich 8 °C liegt. Nachts kann es dann Frost geben und im Süden sogar Schnee – wie im Winter 1991/92, als in Jericho Bananenplantagen zerstört wurden. Temperaturen und Regenfälle fallen wegen der Landschaft sehr unterschiedlich aus, die nach Westen zeigenden Hänge sind feuchter als die östlichen und die Temperaturen steigen, je weiter man sich vom Meer entfernt und je weiter man in den Süden vordringt.

Soweit wir wissen, hatte Palästina immer eine Küste, Jahrmillionen lag die Gegend gar unter dem Meer. Große Teile des heutigen Landes werden daher durch maritime Ablagerungen – Kalkstein,

Zistrose

Kreide und Sandstein – gebildet. Durch die große Bandbreite geografischer Formationen von schneebedeckten Bergen über fruchtbare Täler bis hin zu Wüsten gibt es auch große Unterschiede in der Vegetation des Landes. In den Psalmen heißt es: „die ganze Erde ist voll von deinen Geschöpfen" (Ps 104,24). Das traf in biblischen Zeiten sicher zu, als die Landschaft eine große Vielfalt an Habitaten bot, auch wenn der darunterliegende Fels zu einem großen Teil aus Kalk- oder Sandstein bestand.

Die Tiefebenen hinter den Sanddünen der Küste bergen heute Orangenhaine, Weingärten und Felder mit Getreide oder Gemüse, aber in alter Zeit dehnten sich dort großräumig Sumpfgebiet sowie Siedlungen aus. Im Hügelland finden sich immer noch ausgedehnte Flächen, die im Frühjahr mit Wildblumen bewachsen sind, sowie eine Strauchsteppe mit Zwergeichen, Johannisbrotbäumen und Zistrosen. Diese Strauchvegetation kann sehr dicht sein, insbesondere um den Berg Karmel und auf den Hügeln rund um den See Genezareth. Die Vegetation des Jordangrabens ist so dicht wie ein Dschungel, und im Sommer herrscht dementsprechend tropische Hitze. Hitze und Wasser lassen den Fluss entlang einen üppigen, bis zu 15 m hohen grünen Vegetationsgürtel aus Tamarisken und Christusdorn entstehen. Nördlich des Sees Genezareth im Hula-Naturreservat sind noch immer viele Wasservögel zu finden. Es ist ein Sumpf mit Papyrus und anderen Pflanzen, der aber nur einen Bruchteil seines früheren Umfangs hat, weil viel davon zur Ackerlandgewinnung trockengelegt wurde. Der Negev im Süden ist nie ganz kahl und sandig, wie man dies oft von einer Wüste annimmt; viele Wadis und Bodensenken weisen verkrüppelte Sträucher auf und eine ausgiebige Regensaison reicht aus, um alles zum Ergrünen zu bringen.

Zusammengefasst lässt sich festhalten, dass Klima, Geländeformen und menschliche Besiedelung in der Region über die Jahrhunderte verschiedene Pflanzengemeinschaften hervorvorgebracht haben:
- Gestrüpp- und Buschland, genannt *garigue* bzw. *macchie*. Erstere weist viele weichblättrige Bodendecker auf wie Lavendel, Zistrose, Kreuzkraut, Rosmarin, Disteln und wilden Thymian. Bei Letzterer handelt es sich um ein Buschlandbiom, das sich typischerweise aus dicht wachsenden immergrünen Pflanzen wie Steineiche, Kermeseiche, Baumheide, Erdbeerbaum, Salbei, Wacholder, Kreuzdorn, Zwergölbaum und Myrte zusammensetzt.
- Grasland
- Baumsavannen mit Eichen und Kiefern sowie Waldflächen mit geschlossenem Kronendach, die ebenfalls zumeist aus – immergrünen – Eichen und Kiefern bestehen.

ZWERG-EICHE

KAPITEL II
BÄUME UND STRÄUCHER

In der Schöpfungsgeschichte gibt es eine einfache Beschreibung des pflanzlichen Lebens auf Erden:

> GENESIS 1,11-13
>
> *Und Gott sprach: „Auf der Erde soll es grünen und blühen: Alle Arten von Pflanzen und Bäumen sollen wachsen und ihre Samen und Früchte tragen!" So geschah es. Die Erde brachte Pflanzen und Bäume in ihrer ganzen Vielfalt hervor. Wieder sah er sich an, was er geschaffen hatte: Es war gut. Es wurde Abend und wieder Morgen: Der dritte Tag war vergangen.*

Der Autor schrieb dies vor vielleicht 4.000 Jahren als Teil einer Erklärung für die Erschaffung der Welt. Die Schöpfungsgeschichte in Kapitel 1 und 2 der Genesis mit ihrer Erzählung von der Schaffung von Pflanzen, Fischen und Vögeln hält gottesfürchtige Menschen heute im Allgemeinen nicht davon ab, an Wissenschaft und Evolution zu glauben und die Erklärungen von Klimaforschern, Geografen, Zoologen und Botanikern nachzuvollziehen. Diese betrachten den Mittelmeerraum als eine von weltweit fünf Regionen, die sich durch ein besonderes Makroklima auszeichnen und eine entsprechende Flora aufweisen. Die Pflanzenwelt des Heiligen Landes ist tatsächlich äußerst vielfältig, von der Wüste um Beersheba im Süden bis zum Gipfel des Hermon im Norden. In der Heiligen Schrift finden sich viele Bezugnahmen darauf und Reisende finden die Schönheit der Frühjahrsblumen noch immer bemerkenswert, v. a. zur österlichen Pilgerzeit.

Wir kennen heute etwa 3.000 Arten palästinensischer Pflanzen, aber die Bibel verzeichnet nur etwa 130, hauptsächlich solche mit Nutz- oder Zierwert. Wenige können zweifelsfrei identifiziert werden; ein Großteil der Namen ist generischer Art, wie Nesseln, Dornbüsche oder Gräser. Für Leser, die mit der detailgenauen Pflanzenklassifikation moderner Bestimmungsbücher vertraut sind, mag es frustrierend erscheinen, dass in der Bibel lediglich drei grobe Kategorien unterschieden werden: (1) *deshe*, was für alle niedrigen Pflanzen steht, (2) *'esebh*, was krautartige Pflanzen bezeichnet und (3) *'es peri*, was alle Bäume umfasst (Gen 1,11-12).

Immer wieder werden in der Bibel Bäume herangezogen, um die Fülle der palästinensischen Landschaft zu beschreiben und das Leben der Juden in Krieg und Frieden zu illustrieren. Bäume sind Teil des spirituellen Verständnisses der Menschen von Gottes Schöpfung:

> JESAJA 44,23
>
> *Singt, ihr Tiefen der Erde, und ihr Berge, brecht in Jubel aus! Ihr Wälder, stimmt ein in das Lied …*

Besonders aufschlussreich ist die Darstellung des Menschen in den Psalmen, wo dessen Natur mit der von Bäumen verglichen wird, seine Fähigkeit zu guten Taten mit der Palme, seine Größe und Stärke mit der Zeder:

> *Wer Gott liebt, gleicht einer immergrünen Palme,*
> *er wird mächtig wie eine Zeder auf dem Libanongebirge.*
> *Er ist wie ein Baum, der im Vorhof des Tempels gepflanzt*
> *wurde und dort wachsen und gedeihen kann. Noch im*
> *hohen Alter wird er Frucht tragen, immer ist er*
> *kraftvoll und frisch. Sein Leben ist ein Beweis dafür,*
> *dass der Herr für Recht sorgt. Bei Gott bin ich sicher*
> *und geborgen; was er tut, ist vollkommen und gerecht!*

PSALMEN 92,13-16

ZEDER

Nun kann man argumentieren, dass keiner dieser Bäume beanspruchen kann, im Herzen und in den Gedanken der Menschen über den anderen zu stehen. Nach wie vor gibt es in vielen Ländern die uralte Tradition eines „Versammlungsbaums", der den Dorfältesten als Treffpunkt und Schauplatz für heilige Riten dient. Gesehen habe ich das in Gambia (Westafrika) und auf der Salzroute in den Ausläufern des Himalaya (Nepal).

Unsere Geschichte von „viele[n] prachtvolle[n] Bäume[n]" (Gen 2,9) beginnt eigentlich mit der Wanderschaft Abrams und der Israeliten, nachdem Abram befohlen worden war, er solle – wir befinden uns im 17. Jh. v. Chr. – seine mesopotamische Heimat verlassen und nach Westen aufbrechen:

> *Der Herr sagte zu Abram: „Geh fort aus deinem Land, verlass deine*
> *Heimat und deine Verwandtschaft und zieh in das Land, das ich dir*
> *zeigen werde! …" Abram gehorchte und machte sich auf den Weg …*
> *Mit ihrem ganzen Besitz brachen sie in Richtung Kanaan auf.*
> *Als sie schließlich dort ankamen, durchzogen sie das Land, das damals*
> *von den Kanaanitern bewohnt wurde. Bei Sichem ließen sie sich nieder,*
> *in der Nähe der Eiche von More. An dieser Stätte zeigte der Herr sich*
> *Abram und versprach ihm: „Ich werde dieses Land deinen Nachkommen*
> *geben!" Abram schichtete Steine auf als Altar für den Herrn, dort,*
> *wo Gott ihm erschienen war.*

GENESIS 12,1-7

Es existierte bereits ein berühmtes Heiligtum in Sichem, am Rande der philistäischen Ebene westlich des Toten Meers. Dort befand sich ein mächtiger Baum. Es war also naheliegend für den gottesfürchtigen Abram, hier sein Lager aufzuschlagen, auch um zu verhindern, dass seine großen Schaf-, Rinder- und Ziegenherden die Felder der Kanaaniter beschädigten. Wir haben es hier womöglich mit dem ersten schriftlichen Beleg dafür zu tun, wie die Menschheit sich Gedanken über ihre Beziehung zur Umwelt macht, das also, was wir *Ökologie* nennen. Abrams Tiere konnten unter den Bäumen im bewaldeten Hügelvorland weiden. Die heilige Stätte wird auch später am Anfang von Genesis 35 erwähnt:

> *Gott sprach zu Jakob* [Abrams Enkel]: *„Mach dich auf und zieh wieder nach Bethel! Bleib dort und bau mir einen Altar. Denn an diesem Ort bin ich dir erschienen, als du auf der Flucht vor deinem Bruder Esau warst."*

Jakob lässt sich also bei der Eiche in Sichem nieder und nennt den Ort Bethel, was „Haus Gottes" bzw. „Haus des (Gottes) El" bedeutet. Der Prophet Amos sprach um etwa 750 v. Chr. von der Stärke der Eiche als Metapher für die von Menschen. Diese Stärke jedoch konnte sich im Kampf gegen die Israeliten nicht durchsetzen, denn diese hatten Gott auf ihrer Seite:

> AMOS 2,9
> *Dabei war ich es doch, der die Amoriter vernichtet hat, um ihr Land den Israeliten zu geben!*
> *Sie waren so groß wie Zedern und so stark wie Eichen, aber ich habe sie mit Stumpf und Stiel ausgerottet.*

Mit anderen Worten: Die Amoriter (die Einwohner Kanaans) wurden vernichtend geschlagen.

Im heutigen Israel gibt es mehrere Arten von Eichen und in der Bibel finden sich fünf hebräische Wörter, die leider unterschiedslos mit ‚Eiche' übersetzt werden: ʼayl, ʼelah, ʼelon, ʼallah und ʼallon. Betrachtet man Jes 6,13, so scheint sich ʼelah von ʼallon zu unterscheiden; manche glauben, bei ʼayl, ʼelah und ʼelon handle es sich um die Terebinthe, während ʼallah und ʼallon für die Eiche stehen. Die bekannteste Gattung der Eiche heißt *Quercus*. Sie ist in Palästina mit sieben Arten vertreten, drei davon weiter verbreitet. Am häufigsten war die Stecheiche oder Kermeseiche (*Quercus coccifera*). Sie stammt aus der Mittelmeergegend, ist ein immergrüner Strauch oder Baum von bis zu 5 m Höhe und hat starre, dornige Blätter. Sir Joseph Dalton Hooker schrieb im 19. Jh.: „Sie bedeckt die Hügel von Palästina mit einem dichten Gestrüpp aus Bäumen … über und über bedeckt mit kleinen immergrünen steifen Blättern und üppig Eicheln tragend." Ihr wissenschaftlicher Name *coccifera* mag unwillkürlich an den Lebensmittelfarbstoff Cochenille erinnern. Der Baum ist eine wichtige Futterpflanze für die Karminschildlaus, aus deren Weibchen ein purpurroter Farbstoff gewonnen werden kann. Dieser war bereits im 8. Jh. v. Chr. bekannt. Es wurden 20.000 Insekten benötigt, um etwa 300 g davon herzustellen. Heute sind die Baumbestände stark zurückgegangen. Verantwortlich hierfür sind einerseits die starke Verbreitung der (bis zu 25 m hohen) Grün- bzw. Steineiche *Quercus ilex* und andererseits die jahrhundertelange Rodung zur Kohleproduktion und Gewinnung landwirtschaftlicher Flächen. Die Kermeseiche ist ein robuster Baum, der auf unwirtlichem, hügeligem Untergrund gedeiht, intensiver Beweidung standhält und dessen Eicheln leicht austreiben. Abram hatte seinen Siedlungsplatz gut gewählt!

Auch im Buch der Richter im 10. Jh. v. Chr. ist von einem „großen Baum" die Rede:

> **RICHTER 9,6** *Danach versammelten sich alle Einwohner von Sichem und die Bewohner der Festung bei dem Baum, der als Denkmal diente. Dort ernannten sie Abimelech zum König.*

Das besondere Verhältnis des Menschen zu einzelnen Bäumen hat eine lange Geschichte. Die Eiche beispielsweise kommt in der griechischen Mythologie als geheiligter Baum des Zeus vor und spielt auch in der baltischen, keltischen und nordischen Mythologie eine Rolle. In Europa schrieb der römische Schriftsteller Plinius d. Ä. (23-79 n. Chr.), die Verehrung von Bäumen sei allgemein verbreitet. In Nordamerika wurden riesenhafte Exemplare des Küstenmammutbaums (Gattung: *Sequoia*) verehrt. Dort erklärte der berühmte Schriftsteller Henry David Thoreau Mitte der 1850er Jahre, die Menschheit brauche Wälder „als Quelle der Inspiration und zu unserer wahrhaften Wiederherstellung". In England kam diese besondere Beziehung in Thomas Hardys Roman *Die Woodlanders* (engl. Original: 1887) zum Ausdruck. Gegenwärtig verfolgen der Woodland Trust und der National Trust in Großbritannien den Aktionsplan The Ancient Tree Hunt zur Schaffung einer Datenbank mit allen großen und alten Bäumen. Bislang wurden mehr als 100.000 registriert, davon sehr viele Eichen. Abram hatte dieses untrügliche Gespür für den geheiligten Charakter des Lands und dessen, was darauf wächst.

STEINEICHE

BÄUME UND STRÄUCHER | 15

Abram trennte sich von seinem Neffen Lot. Lot wählte das Jordantal nahe Sodom, Abram wandte sich in entgegengesetzter Richtung den Hügeln von Hebron zu und ließ sich zwischen den „großen Eichen von Mamre" (Gen 13,18) nieder. Dies ist nicht überraschend. Das Gebiet lag sehr nahe an der geheiligten Stätte von Sichem. Einmal mehr verhinderte er potenzielle Umweltschäden und Zwistigkeiten, indem er sich entfernt von bestehenden Siedlungen niederließ.

Eine weit weniger glückliche Erzählung von einer Eiche ist die vom Tod von Davids Freund Absalom. David hatte eine judäische Armee aufgestellt, um gegen Israel zu kämpfen, in dessen Armee Absalom war. Er hatte drei Kommandanten ernannt, darunter Joab, und hatte sie angewiesen, seinen Freund zu schonen.

SAMUEL 18,9-10

Einige von Davids Soldaten verfolgten Absalom, der auf seinem Maultier floh. Doch als er unter einer großen Eiche durchritt, verfingen sich seine Haare in den dichten Ästen. Sein Maultier lief weiter, er aber blieb am Baum hängen. Einer der Männer, die es beobachtet hatten, meldete Joab: „Ich habe Absalom gesehen! Er hängt an den Ästen einer Eiche."

Joab sagte dem Soldaten wütend, er hätte ihn töten sollen und wäre dafür mit Gold belohnt worden. Obwohl ihn der Soldat an den Befehl Davids erinnerte, nahm Joab drei Speere, ging mit zehn seiner Rüstungsträger hin, tötete Absalom, warf ihn in eine große Grube im Wald und bedeckte den Leichnam mit Steinen. Davids Kummer und die Nachwirkungen der Schlacht werden im selben Kapitel detailliert geschildert.

Gegen Ende seines Lebens, in den späten 1300er Jahren v. Chr., versammelte Josua alle Stämme Israels wieder in Sichem:

JOSUA 24,24-26

Das Volk antwortete: „Wir wollen dem Herrn, unserem Gott, dienen und auf ihn hören!" Da erneuerte Josua noch am selben Tag in Sichem den Bund zwischen Gott und den Israeliten. Er gab ihnen die Gebote und Rechtsbestimmungen und schrieb alles im Buch des Gesetzes Gottes auf. Dann nahm er einen großen Stein und richtete ihn unter der Eiche beim Heiligtum des Herrn auf.

Dies war das siebte Mahnmal, das die Israeliten zur Erinnerung daran errichteten, was der Herr für sie getan hatte, obwohl sie mehrmals von ihm abgefallen waren und andere Götter verehrt hatten. Sieben galt als die Zahl der Ganzheit und so war dieses Denkmal den Israeliten besonders heilig.

Während der 40-jährigen Wanderschaft durch die Wüste unter der Führung von Moses und in den folgenden Jahren in Kanaan unter der von Josua hatten die Israeliten die Tafeln mit den Zehn Geboten in der Bundeslade mit sich geführt. Hier befindet sich Moses auf dem Berg Sinai:

Der Herr sprach zu Mose: "Sag den Israeliten, sie sollen für mich eine Abgabe entrichten! ... Die Israeliten sollen einen Kasten aus Akazienholz bauen ... Dann sollen Tragstangen aus Akazienholz angefertigt und mit Gold überzogen werden. Sie werden durch die Ringe an den Längsseiten des Kastens gesteckt, damit man ihn daran tragen kann ... In die Bundeslade sollst du die beiden Steintafeln legen, die ich dir geben werde ..."

Exodus 25,1-16

Akazie

Bäume und Sträucher | 17

Moses sagte, Gott habe Bezalel als Vorarbeiter für die Herstellung der Stiftshütte, des Tabernakels und der Lade auserwählt:

Bezalel fertigte einen Kasten aus Akazienholz an, eineinviertel Meter lang, einen Dreiviertelmeter breit und ebenso hoch.

Die Bundeslade war so entworfen, dass sie – auf zwei langen Akazienstangen befestigt – getragen werden konnte. Interessanterweise ähnelt der Schrein einem aus etwa derselben Zeit, der im Grab des altägyptischen Königs Tutanchamun (gest. ca. 1350 v. Chr.) aufgefunden wurde. Diese Art von Schrein musste Moses gesehen haben, als er in Ägypten aufwuchs. Aber die Lade und die Halterungen des Tabernakels waren nicht die einzigen Bestandteile aus Holz. Die Ausstattung des Allerheiligsten, der Tisch für die Schaubrote sowie der Altar für die Duft- und Brandopfer waren ebenfalls aus Akazie.

EXODUS 39,32.42-43

Schließlich waren die Arbeiten am Heiligtum beendet … Die gesamte Arbeit war nach dem Befehl des Herrn ausgeführt worden. Mose überprüfte die einzelnen Teile und sah, dass alles so war, wie der Herr es angeordnet hatte. Da segnete Mose die Israeliten.

Es gibt weltweit hunderte von Akazienarten, die in tropischen oder warmen Klimazonen gedeihen. Bei den meisten im Nahen Osten vorkommenden Arten handelt es sich nicht um hohe Bäume wie die Eiche, sondern um robuste, dornige Büsche oder Sträucher von nur ein paar Metern Höhe, ein charakteristischer Bewuchs für Halbwüsten.

Auf der Wanderschaft nach dem Auszug aus Ägypten muss der Baum, den die Israeliten am häufigsten zu Gesicht bekamen, die Akazie gewesen sein. Sie hat ein hartes, beständiges und feinfasriges Holz, das von holzfressenden Insekten gemieden wird, sich also gut für Möbel eignet. Man geht davon aus, dass es sich bei der auf Hebräisch als *shittah*-Baum bekannten Art um *Acacia seyal* handelt. Dieser Baum lieferte das in der Bibel (Ex 25-30) vorkommende Holz, das von den Juden zum Bau von Tabernakel und Lade verwendet wurde. Der Domherr der Kathedrale von Durham, Henry Baker Tristram schrieb in seinem Buch *Flora and Fauna of Palestine*: „Es kann kein Zweifel darüber bestehen, dass der Shittah mit der Akazie übereinstimmt, dem einzigen Nutzholzbaum von einiger Größe in der arabischen

SEYAL-AKAZIE

Wüste." Er gedeiht auch noch bei größter Trockenheit und ist auf der gesamten Sinai-Halbinsel und in den sich zum Toten Meer hin öffnenden Schluchten anzutreffen.

Acacia seyal ist heute insbesondere für ihre wirtschaftliche Bedeutung bekannt. Sie ist eine von zwei Akazienarten, die Gummiarabikum produzieren. Dieses wird für Arzneimittel verwendet, in der Lebensmittelindustrie, von Künstlern zum Eindicken der Farben, bei der Keramikproduktion und für die Lithografie. Der ‚brennende Dornbusch', den Moses sah (Ex 3,2), war wohl eine von der Sonne wundersam angeschienene Akazie. Der Prophet Joel gab, wahrscheinlich im 9. Jh. v. Chr., einen Segensspruch Gottes an die Israeliten weiter:

JOEL
3,18

Und es soll geschehen an jenem Tag, daß die Berge
von süßem Wein triefen werden, und die Hügel, sie
werden von Milch fließen, und sogar alle Flußbetten
Judas werden von Wasser fließen. Und ein Quell …
soll das Akazien-Wildbachtal bewässern.

Der Prophet Jesaja vermittelte den Israeliten, die sich im 6. Jh. v. Chr. im babylonischen Exil befanden, mit poetischen Worten Hoffnung auf Hilfe durch Gott. Die Akazie ist einer von mehreren Bäumen, die erwähnt werden, um zu zeigen, wie ungeheuer fruchtbar das Land sein wird:

JESAJA
41,13-20

Ich will Wasserbäche auf den Höhen öffnen
und Quellen mitten auf den Feldern und will die
Wüste zu Wasserstellen machen und das dürre Land zu
Wasserquellen. Ich will in der Wüste wachsen
lassen Zedern, Akazien, Myrten und Ölbäume;
ich will in der Steppe pflanzen miteinander Zypressen,
Buchsbaum und Kiefern, damit man zugleich sehe
und erkenne und merke und verstehe:
Des HERRN Hand hat dies getan,
und der Heilige Israels hat es geschaffen.

An einer früheren Stelle (Verse 5 bis 8) hatte der Prophet beschrieben, wie sich die bewaldete Landschaft verändert hatte, zuerst entwaldet durch das Fällen von Bäumen, dann auf natürliche Weise wiederhergestellt. Jahrhundertelang hatten die Könige von Babylon und Assyrien Holzarbeiter gesandt, um Zedern zu fällen, insbesondere die *Cedrus libani*, weil deren Holz als Baumaterial hochgeschätzt war. Als sich König Salomo einen Tempel bauen wollte, erinnerte er sich daher wenig überraschend an den Palast, den sein Vater, König David, vormals errichtet hatte: Diesem nämlich hatte König Hiram von Tyros Zedernstämme und Zimmerleute für den Bau gesandt (2 Sam, 11).

BÄUME UND STRÄUCHER

1 KÖNIGE 5,22-23

An Salomo schickte Hiram folgende Antwort: „Ich habe deine Anfrage erhalten und erfülle gerne deine Wünsche nach Zedern- und Zypressenholz. Meine Arbeiter werden die gefällten Bäume zum Meer hinunterbringen. Ich lasse die Stämme zu Flößen zusammenbinden und an der Küste entlang nach Israel bringen. An dem Ort, den du mir angibst, lasse ich die Flöße dann wieder auseinandernehmen …"

ZYPRESSE

Die Errichtung von Salomos Tempel begann im vierten Jahr seiner Herrschaft, ca. 966 v. Chr., und dauerte etwa sieben Jahre, wobei Tausende von Männern beschäftigt wurden, zumeist nicht-israelische Zwangsverpflichtete, organisiert von Adoniram, der diese verantwortungsvolle Aufgabe bereits für König David übernommen hatte. Die Ausmaße des Tempels werden im 1. Buch der Könige (5,8) und im 2. Buch der Chronik (1,7) sorgfältig verzeichnet: 60 Ellen lang, 20 breit und 30 hoch, d. h. etwa 27 x 9 x 13,5 m. Der Tempel trug ein Dach aus Zedernbalken und -planken; Zedernbalken verbanden Nebenräume mit dem Hauptgebäude und die Innenwände waren vom Boden bis zur Decke mit Zeder getäfelt. Der Boden war mit Bohlen bedeckt, höchstwahrscheinlich von der Mittelmeer-Zypresse (*Cupressus sempervirens*), dem drittwertvollsten Baum jener Zeit neben der Eiche und der Zeder. Möglicherweise wurde aber auch die Aleppo-Kiefer (*Pinus halepensis*) verbaut, die in der gesamten Mittelmeerregion heimisch ist, bis zu 25 m hoch wird und wegen ihres fein gemaserten, harten Holzes geschätzt wird. Jesaja führt Gottes Versprechen an: „[I]ch will in der Steppe pflanzen miteinander Zypressen, Buchsbaum und Kiefern" (Jes 41,19).

Das Allerheiligste wurde im Hauptgebäude errichtet, ebenfalls mit viel Zedernholz, doch die fünffach abgestuften Türpfosten und die Türen selbst waren aus Olivenholz. In die Wände rund um den Tempel wurden Palmbäume und geöffnete Blüten geschnitzt, was dem ganzen Ort die Anmutung einer Nachbildung des Gartens Eden gab. Zwei große aus Olivenholz geschnitzte und goldgefasste Cherubime schmückten das innere Heiligtum und standen als Wächter neben der Bundeslade.

Salomo ließ auch einen imposanten Palast, das Libanonwaldhaus, für sich errichten (1 Kön 7). Obwohl die Heilige Schrift die Zahl der Ausstattungsgegenstände für den Tempel genau verzeichnet, erfahren wir nicht, wie viel Holz gefällt und verwendet wurde. Allein für den Bau dieses Gebäudes müssen beträchtliche Flächen abgeholzt worden sein – ein Umstand, der sich nur schwer mit dem Wunsch des Königs vereinbaren lässt, die Innenräume mit wunderbaren Schnitzereien von Gottes Schöpfung auszuschmücken.

Die Zeit und die wirtschaftliche Nutzung der Holzbestände haben zu einem Rückgang der Zedernbäume geführt. Doch ist der Libanon noch immer für seine Zedern bekannt, sind diese doch das

Emblem des Landes und als solches auf der Landesflagge abgebildet. Diese Bäume überleben in Gebirgsgegenden, wo sie die vorherrschende Baumart sind – so etwa auf den Hängen des Berges Makmel, die das Wadi Qadischa überblicken und wo auf einer Höhe von über 2.000 m die sogenannten ‚Zedern des Herrn' zu finden sind. Diese Bäume sind bis zu 40 m hoch und ihre Stämme haben einen Durchmesser von bis zu 2,5 m.

Unterschied sich Salomos Wunsch, das Beste zu erbauen, was er sich als Haus Gottes vorstellen konnte, von dem der gottesfürchtigen Menschen in Europa, welche die gewaltigen christlichen Gotteshäuser (Kathedrale von Canterbury, Notre Dame, Petersdom) erbaut haben? Auch heute noch errichten Menschen riesige Tempel oder Kirchen, weil ihnen das die beste Art zu sein scheint, ihre Hingabe an Gott zu zeigen. Die Catedral Metropolitana in Brasília, die außergewöhnliche Sagrada Familia in Barcelona und die Crystal Cathedral in Garden Grove (Kalifornien) sind lediglich drei besonders spektakuläre moderne Beispiele.

PINIENNADELN UND -ZAPFEN

Die meisten jüdischen Feiertage weisen eine enge Verbindung zu Ereignissen in der Geschichte der Juden und ihrem vormals von der Landwirtschaft geprägten Leben auf. Ein solcher Feiertag, das „Laubhüttenfest" (Sukkot), wird von den Gläubigen noch immer sieben Tage lang beginnend mit dem 15. Tag des siebten Monats des Tishri (was nach dem Gregorianischen Kalender Teilen des Septembers und Oktobers entspricht) gefeiert. Er ist auch bekannt als ‚Fest des Einsammelns'; d. h. es ist ein Fest der Ernte, mit dem das Einbringen von Obst und Getreide in die Lagerhäuser gefeiert wird. Es handelt sich dabei um eines der drei Wallfahrtsfeste der Israeliten (zusammen mit Pessach, dem ‚Fest der ungesäuerten Brote' zur Erinnerung an die Flucht aus Ägypten, und dem ‚Wochenfest' zur Feier der ersten Gerstenernte).

Gott sagte zu Moses:

○○ LEVITIKUS 23,40-43

Am ersten Tag sammelt ihr die schönsten Früchte eurer Bäume sowie Palmwedel, Zweige von Bachpappeln und anderen dicht belaubten Bäumen. Feiert sieben Tage lang ein fröhliches Fest für mich, den Herrn, euren Gott. Jedes Jahr sollt ihr im siebten Monat eine Woche lang feiern! … das gilt für alle Israeliten im Land. So behalten eure Nachkommen für alle Zeiten im Gedächtnis, dass ich euch Israeliten in Laubhütten wohnen ließ, als ich euch aus Ägypten führte. ○○

Noch heute fertigen vor allem orthodoxe Juden eine Hütte aus Weidenzweigen und Palmwedeln. Der außerdem verwendete Feststrauß stammt von den vier Bäumen, die Gott nennt (Bachweide bzw. -pappel, Dattelpalme, Myrte und Cedrat).

Pappelblätter und -kätzchen

Als die Israeliten an die Ufer des Jordan kamen, fanden sie zwei üppige Bäume vor. Da war der Baum, der als (Bach-)Weide (*Salix*) wiedergegeben, zuweilen aber auch mit der Pappel identifiziert wird, und der Oleander (*Nerium oleander*), von dem Henry Baker Tristram sagte, er säume „jedes Wadi von Dan bis Beersheba" und müsse wegen seiner wundervollen Blüten „mehr als jeder andere Strauch in diesem Land die Aufmerksamkeit auch noch des unaufmerksamsten Reisenden auf sich ziehen". Die Weide ist so von Wasser abhängig, dass sie zum Symbol für das Gebet der Juden wurde, die Gott anflehten, den Winterregen einsetzen zu lassen, damit sie das Land für die Aussaat vorbereiten könnten. Es ist nur natürlich, dass die Weide bzw. Pappel ein wesentlicher Bestandteil des Laubhüttenfests wurde. Entlang des Jordans finden sich mehrere Pappelarten und zwei davon können beanspruchen, die richtige Übersetzung des hebräischen Worts *libueh* zu sein, dessen Grundbedeutung ‚weiß' ist: die Silber-Pappel *Populus alba* und die Euphrat-Pappel *P. euphratica*, die beide weiß-silbrige

DATTELPALME

Blattunterseiten haben. Der Oleander kommt in der Bibel nicht vor. Liegt das daran, dass die Hebräer um seine Giftigkeit wussten und ihn so für ‚unrein' hielten? Oder verbirgt er sich hinter den „Rosenstöcken in Jericho" bzw. der „Rose, gepflanzt an den Wasserbächen" (Sir 24,14 und 39,13)? Oleandersträucher wachsen an Fließgewässern, haben wunderschöne rosafarbene oder weiße Blüten und nicht wenige Touristen geraten bei ihrem Anblick in Verzückung.

Der zweite Baum in der Liste, die Dattelpalme (*Phoenix dactylifera*) dürfte ihren Ursprung im Nahen Osten haben, ist aber jetzt so weitverbreitet, dass die Wildform unbekannt ist. Sie wurde für die Israeliten auf ihrer Wüstenwanderung schnell wichtig, weil Palmen ein Hinweis auf eine Oase sind. Man denkt bis heute an die Palme in Erinnerung an die in der Wüste errichteten Hütten. Bald erkannte man, dass sie nicht nur Palmwedel liefern, die Schutz bieten und für Bauarbeiten verwendet werden können, sondern auch energiereiche Nahrung, Futter für die Kamele und Fasern zum Flechten von Körben und Seilen.

Für die Bevölkerung des Nahen Ostens ist die Palme mindestens ebenso wichtig wie die Olive. Als eine der ältesten kultivierten Obstpflanzen versorgt sie den Menschen schon seit langem mit wohlschmeckenden, fleischigen Früchten, die für viele Völker Nordafrikas und der arabischen Welt ein Grundnahrungsmittel darstellen. Es gibt Hunderte von Arten, die alle zu wirtschaftlichen Zwecken angebaut werden, was die Dattelpalme zur zweitbekanntesten Palmenart nach der Kokospalme (*Cocos nucifera*) macht. Sie wächst mit einem imposanten hohen, schlanken, aufrechten Stamm, mit einem spiralförmigen Muster auf der Rinde und langen gefiederten Blättern, die grünlich-grau sind und auf dem unteren Drittel des Stiels Dornen aufweisen. Im oberen Teil der Krone stehen die Blätter nach oben zeigend, während sie sich weiter unten zum Boden hin krümmen. Sie sind starr, lang und spitz zulaufend, mit bis zu 200 Blättchen auf jeder Seite des Blattstiels. Die Blüten sind zu länglichen, mit einer Blütenscheide umhüllten Blütenständen zusammengeballt, auf männlichen und weiblichen Pflanzen getrennt. Die der männlichen Pflanzen sind weiß und duftend, die der weiblichen kleiner und eher gelblich oder cremefarben. Die zuckerreiche Frucht, die Dattel, ist eine große, längliche, in reifem Zustand dunkelorange Beere, die bei manchen Kultursorten bis zu 7,5 cm lang werden kann.

Das 2. Buch der Chronik (28,15) beschreibt die ‚Palmenstadt Jericho'. Hezekiel (40 und 41) hält seine Vision eines neuen Tempels fest, bei dem ein Großteil des Gebäudes und der Schnitzereien aus Palmholz ist. Im NT finden sich nur zwei Erwähnungen von Palmen. Der Evangelist Johannes beschreibt, wie er in seiner späteren großen Vision

OFFEN-BARUNG 7,9

eine riesige Menschenmenge [erblickte], so groß, dass niemand sie zählen konnte. Die Menschen kamen aus allen Nationen, Stämmen und Völkern; alle Sprachen der Welt waren zu hören. Sie standen vor dem Thron und vor dem Lamm. Alle hatten weiße Gewänder an und trugen Palmenzweige in der Hand.

Die denkwürdigste Bezugnahme auf Palmen ist für die Christen der Welt jedoch jene am Beginn der Ostergeschichte:

JOHANNES 12,12-13

Am nächsten Tag verbreitete sich unter der Volksmenge, die zum Passahfest gekommen war, die Nachricht: Jesus ist auf dem Weg nach Jerusalem. Da nahmen die Menschen Palmenzweige, liefen Jesus entgegen und riefen ihm begeistert zu: „Gelobt sei Gott! Gepriesen sei, der in Gottes Auftrag kommt, der König von Israel!"

Alle vier Evangelisten berichten von Jesu triumphalem Einzug in Jerusalem am sogenannten Palmsonntag (eine Woche vor Ostersonntag). Aber nur Johannes nennt Palmzweige.

Kokospalme

Bäume und Sträucher | 25

Der dritte von Gott genannte Baum war einer, den die Kinder Israels vorfanden, als sie das Gelobte Land erreichten und feststellten, dass weite Teile der Hügel mit einem Dickicht bewaldet waren: Myrten (*Myrtus communis*). Anders als die Weide brauchen diese nicht viel Wasser, und Zweige davon bleiben wochenlang frisch. Die Myrte ist eine aromatisch duftende Pflanze und kann eine Höhe von

ZITRONE

mehr als 5 m erreichen. Die Blätter sind dick und glänzend, mit vielen kleinen, ölhaltigen Drüsen. Die einzeln stehenden weißen Blüten, etwa 1,8 cm lang, sitzen auf kurzen Stielen. Die Frucht ist eine rötlich-schwarze Beere mit vielen Samen. Der Baum erfreute sich schon bald großer Beliebtheit. Jesaja beispielsweise schreibt von Gottes Versprechen, „wo heute Brennnesseln wuchern, schießen Myrtensträucher empor" (Jes 55,13), und bei Sacharja heißt es:

> **SACHARJA 1,8**
> *In jener Nacht hatte ich eine Vision. Ich sah einen Mann auf einem rotbraunen Pferd, der zwischen den Myrtensträuchern im Tal Halt machte.*

Dies legt nahe, dass sich der Bote Gottes, um den es hier geht, zwischen weit verbreiteten Bäumen befand, Bäumen, die Sacharja gut kannte und mit deren Duft er vertraut war, nämlich in Form von getrockneten Blüten und Blättern sowie Parfüm. Das Myrtenöl, das sich in den meisten Pflanzenbestandteilen findet, wurde früher als Antiseptikum und Stärkungsmittel verwendet. In der Antike war die Myrte ein Symbol der Unsterblichkeit und damit auch für Fruchtbarkeit und Erfolg.

Vom vierten Baum schließlich glaubt man, dass es sich um eine Cedrat (*Citrus medica*) handelt, mit der Zitrone verwandt und eine von vier ursprünglichen Zitrusfrüchten, aus denen sich alle Arten entwickelt haben. Der rabbinischen Tradition zufolge haben sie die Israeliten bei der Flucht aus Ägypten nach Palästina gebracht. Flavius Josephus in seinen *Antiquitates Iudaicae* geht ebenfalls davon aus, es sei die Cedrat gewesen. Die Früchte sind größer als die der Zitrone und dienen als Konservierungsmittel und als ätherisches Öl bei der Parfümherstellung.

In vielen Kulturen pflanzen Menschen heute einen Baum zur Erinnerung an ein bedeutsames Ereignis in ihrem Leben. So verhielt es sich auch in Abrahams Leben. Er zog in die Region der Negev-Wüste und begegnete Abimelech, König von Gerar, am Rande des Gebiets der Philister. Dieser versuchte Sarah zur Frau zu nehmen (Abraham hatte gesagt, sie sei seine Schwester und nicht seine Frau; die Geschichte ist lesenswert!), aber die Verwirrung wurde aufgeklärt und es wurde ein Vertrag zwischen ihnen besiegelt.

MYRTE

> **GENESIS 21,31-33**
> *Seit dieser Zeit wurde der Ort Beerscheba genannt, weil Abraham und Abimelech ihre Abmachung dort mit einem Schwur besiegelt hatten. Danach kehrten Abimelech und sein Heerführer Pichol wieder in das Land der Philister zurück. Abraham pflanzte in Beerscheba eine Tamariske und betete dort zum Herrn, dem ewigen Gott.*

BÄUME UND STRÄUCHER

TAMARISKE

Tamarisken (*Tamarix*) sind kleine Büsche oder Bäume, die in Dürreregionen gedeihen, v.a. auf salzhaltigen Böden. Ihr eher zartes, graugrünes, dichtes Blattwerk ist ein willkommener Schattenspender und ihre dichten Ähren rosafarbener Blüten machen sie zu einer auffallenden Erscheinung. Sie bilden oft ein undurchdringliches Dickicht.

Als Saul erfuhr, dass der vor seinem Grimm geflohene David entdeckt worden war, stellte er seine Bediensteten unter einer Tamariske zur Rede (Sam 22,6). Nach seinem Tod in einer Schlacht wurde er in Jabesh, südlich des Sees Genezareth, unter einer Tamariske begraben (1 Sam 31).

Wenn heutzutage jemand ein unerwartetes Geschenk erhält, das wie gerufen kommt, heißt es: „Wie Manna vom Himmel!" Viele Menschen verstehen, was gemeint ist, auch wenn sie nicht wirklich wissen, was ‚Manna' ist. Die Antwort ist etwa 3.500 Jahre alt. Die Israeliten waren viele Jahre Gefangene in Ägypten gewesen und endlich vom Pharao freigelassen worden. Sie durchquerten auf wundersame Weise das Rote Meer, während ihre ägyptischen Verfolger mit ihren Wagen in den Fluten ertranken. Dann wurden sie von Moses in die Wüste geführt, wo sie an Nahrungsmittelnot litten.

EXODUS 16,2-4

Bald fingen die Leute wieder an, sich über Mose und Aaron zu beschweren. Sie stöhnten: „Ach, hätte der Herr uns doch in Ägypten sterben lassen! Dort hatten wir wenigstens Fleisch zu essen und genug Brot, um satt zu werden. Ihr habt uns doch nur in diese Wüste gebracht, damit wir alle verhungern!" Da sprach der Herr zu Mose: „Du wirst sehen: Ich lasse Brot vom Himmel für euch regnen! Die Israeliten sollen morgens losgehen und so viel einsammeln, wie sie für den Tag brauchen, mehr nicht ..."

Moses und Aaron überbrachten dem Volk diese gute Nachricht ebenso wie das spätere Versprechen von Gott: „Trotzdem wird er euch abends Fleisch zu essen geben und am Morgen Brot genug."

EXODUS 16,13-15

Am selben Abend zogen Schwärme von Wachteln heran und ließen sich überall im Lager nieder. Und am nächsten Morgen lag Tau rings um das Lager. Als er verdunstet war, blieben auf dem Wüstenboden feine Körner zurück, die aussahen wie Reif. Die Israeliten entdeckten sie und fragten sich: „Was ist das bloß?" Nie zuvor hatten sie so etwas gesehen. Mose erklärte ihnen: „Dies ist das Brot, das euch der Herr zu essen gibt ..."

Mandelblüte und -kern

Bäume und Sträucher | 29

Offensichtlich war das nicht Brot, wie wir es kennen, aber es ist eines der ersten Male, dass wir in der Bibel von einem namentlich benannten Nahrungsmittel lesen. Als wundersames Beispiel für Gottes Großzügigkeit ist es ein passender Ausgangspunkt, um darüber nachzudenken, was die Israeliten an Obst, Getreide und Gemüse verzehrten. Unser Wort ‚Manna' kommt von dem hebräischen Wort, das die Israeliten aussprachen, als sie Moses gegenüber murrten: ‚man hu', was schlicht heißt ‚Was ist das?'

Unsere Auffassung davon, worum es sich handeln könnte, hat sich im Laufe der Zeit gewandelt. Eine traditionelle Erklärung war die, es handle sich um eine süße Absonderung der Tamariske. Jüngere Studien zeigen, dass dieses ‚Manna' von den Schildläusen produziert wird, die sich von den Tamarisken ernähren. Die Insekten vertilgen riesige Mengen von Pflanzensaft und scheiden den Überschuss als ‚Honigtau' aus:

NUMERI 11,7-9
Das Manna bestand aus kleinen Körnern, ähnlich dem Koriandersamen … Jede Nacht fiel es mit dem Tau auf das Lager. Die Israeliten sammelten es ein und zerkleinerten es mit Handmühlen oder Mörsern. Sie kochten es oder backten Fladenbrot davon, das wie Ölkuchen schmeckte.

Es wäre schon eine ungeheure Menge davon nötig gewesen, um die Israeliten zu ernähren. Aber wir dürfen nicht vergessen, dass eine gänzlich natürliche Erklärung an der Tatsache vorbeigeht, dass das Manna wie die Wachteln in der Wüste ein wundertätiges Geschenk Gottes waren. An diese großartige Fürsorge erinnert Jesus, wenn er sich selbst das Brot des Lebens nennt (Joh 6,49-51).

Werfen wir nun einen Blick darauf, wie die Juden lange vor dem Exodus nach Ägypten gelangen: In Palästina herrscht Hungersnot und Josephs Brüder werden von ihrem Vater Jakob nach Ägypten gesandt, um Getreide zu kaufen. Sie begegnen Joseph, erkennen ihn aber nicht. Er sagt, er werde ihnen helfen, wenn der jüngste Bruder zu ihm gebracht werde. So wird eine zweite Reise unternommen.

GENESIS 43,11
Da gab Jakob nach: „Wenn es sein muss, dann nehmt Benjamin mit. Bringt dem Mann etwas von den besten Erzeugnissen unseres Landes: kostbare Harze, außerdem Honig, Pistazien und Mandeln …"

Mandeln werden in der Bibel oft erwähnt. Der Mandelbaum (*Prunus dulcis*) wird bis zu 10 m hoch und trägt im dritten Jahr Früchte. Er ist in Palästina und im Nahen Osten heimisch und oft der erste Baum, der zu blühen anfängt, noch bevor die Blätter erscheinen, manchmal bereits im Januar. Schnitzereien, die Mandelblüten zeigen, befanden sich auf den Holzarbeiten des Tabernakels, der die Bundeslade enthielt. Bei der im *Hohelied* und bei *Jeremia* erwähnten Art dürfte es sich um den zartrosa blühenden Mandelbaum handeln. Noch wichtiger ist der Mandelbaum in der Geschichte vom Groll der Israeliten gegen Moses und Aaron und der von Korach aus dem Stamme Levi angezettelten Revolte. Moses sagt, Gott werde das Problem klären:

Pistazie

> *Der Herr sprach zu Mose: „Sag den Israeliten, dass jedes Stammesoberhaupt dir einen Stab geben soll, also insgesamt zwölf Stäbe, einen für jeden Stamm. Auf die Stäbe sollst du die Namen dieser Männer schreiben, denn jeder Stab steht für das Oberhaupt eines Stammes. Aber auf den Stab des Stammes Levi schreib den Namen Aaron! Leg die Stäbe im heiligen Zelt vor die Bundeslade, wo ich euch begegne! Dann wird Folgendes geschehen: Der Stab des Mannes, den ich auswähle, wird Blätter treiben. So werde ich alle eure Widersacher zum Schweigen bringen." Am nächsten Tag ging er wieder hinein, und tatsächlich: Aarons Stab hatte Blätter und Blüten getrieben und sogar Mandeln reifen lassen.*

NUMERI 17,16–20.23

Es konnte also kein Zweifel mehr bestehen. Die bedeutsame Rolle des Priesters Aaron und seiner Söhne im Kultus der Israeliten war bestätigt worden.

Ein Obstbaum spielt im jüdischen Leben eine ganz besonders geheiligte Rolle: die Pistazie. Es wird angenommen, dass der Baum in der Levante seit der Antike kultiviert wurde, Jakob dürfte also bereits Pistazienhaine gekannt haben. Andererseits ist der Befehl Jakobs, Pistazien (*Pistacia vera*) einzupacken, die einzige Bezugnahme auf diesen Baum in der Bibel. Er ist im Nahen Osten heimisch, darunter auch in Israel. Bei einer archäologischen Grabung im Hula-Tal in Israel wurden Samen und zum Nussknacken dienende Werkzeuge gefunden, die auf ein Alter von 78.000 Jahren datiert werden konnten!

Bald nach der Mandelblüte gehen die scharlachroten Blüten des Granatapfelbaums (*Punica granatum*) auf. Er wurde seit undenklichen Zeiten von Ägypten bis Mesopotamien kultiviert. Als Moses die Zehn Gebote erhielt, gab Gott ihm eine ausführliche Beschreibung des priesterlichen Gewands, das Aaron beim Betreten des Heiligtums tragen sollte:

> *Am unteren Saum des Gewandes werden ringsum Granatäpfel aus violettem, purpurrotem und karmesinrotem Stoff angebracht und dazwischen kleine goldene Glöckchen, immer abwechselnd. Aaron soll das Gewand tragen, wenn er seinen Dienst ausübt.*

EXODUS 28,33–35

Die reife Frucht enthält hunderte wohlschmeckender Samen. Im Nahen Osten wird sie seit langem als Fruchtbarkeitssymbol betrachtet und ihre geheiligte Bedeutung wurde Teil der Glaubensgrundsätze der Israeliten, als sie die Gewänder von Aaron verfertigten.

Später kamen Kundschafter, die von Moses ausgeschickt worden waren, um sich zu vergewissern, wie das ‚Gelobte Land' aussah, mit verschiedenen Früchten zurück:

GRANATAPFEL

BÄUME UND STRÄUCHER | 33

Numeri 13,23

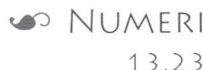

Dann kamen die Kundschafter ins Eschkol-Tal. Dort pflückten sie Granatäpfel und Feigen. Sie schnitten eine Weinrebe ab, die so schwer war, dass zwei Männer sie an einer Stange tragen mussten.

Offensichtlich waren die Größe der Weinrebe und die Vielfalt an Früchten ein Hinweis auf die Güte des Landes, in welches Gott sie führte. Gott erwähnte die Granatäpfel außerdem auch, als er zu Moses sprach:

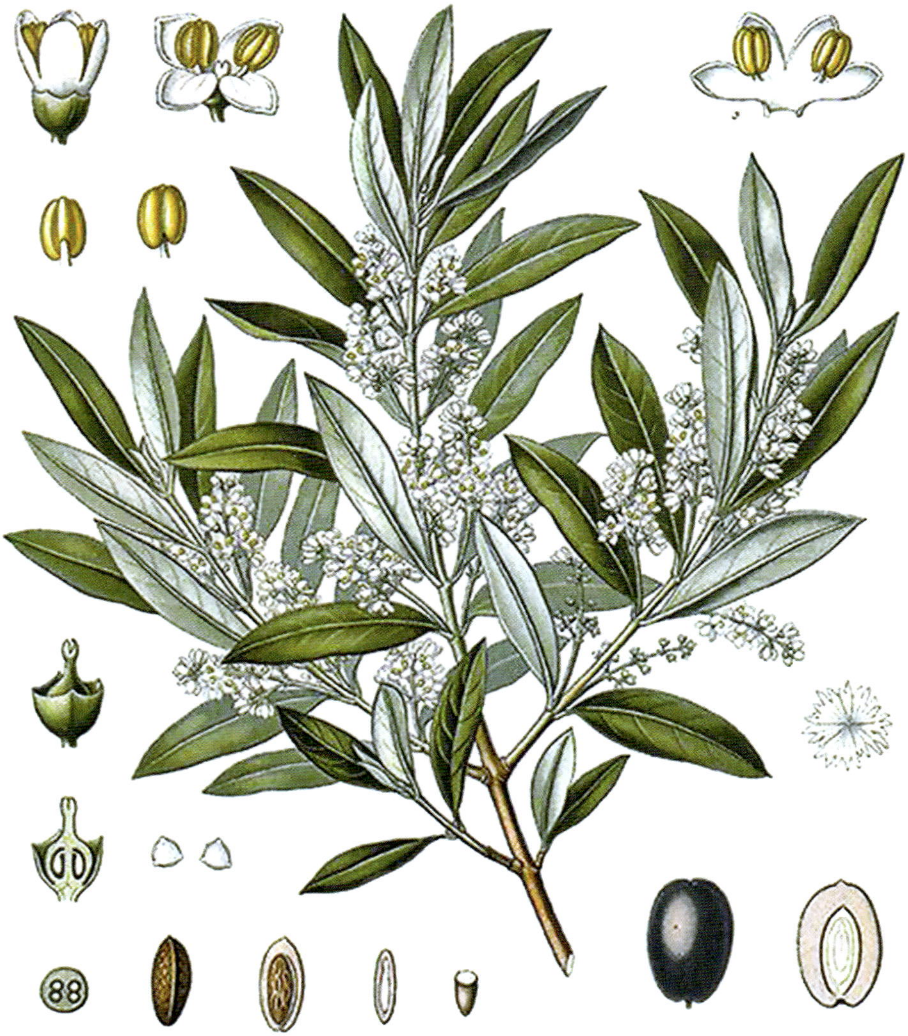

Olivenblüten und -früchte

Beachtet deshalb seine Weisungen! Lebt so, wie es ihm gefällt, und habt Ehrfurcht vor ihm! Der Herr, euer Gott, bringt euch in ein gutes Land. Es ist reich an Grundwasser, an Quellen und Bächen … Es gibt dort Weizen und Gerste, Weintrauben und Feigen, Granatäpfel, Oliven und Honig. Ihr werdet nicht von karger Kost leben müssen, es wird euch an nichts fehlen.

Diese Nahrungsmittel werden auch die ‚Sieben Arten' genannt, da sie von den charakteristischen Pflanzen des Landes Israel stammen. Die Früchte waren auf alten judäischen Münzen abgebildet und dekorative Silberkugeln in Form von Granatäpfeln schmücken manchmal die Griffe von Tora-Rollen.

Der Saft der Frucht wurde in den Sommermonaten zum beliebten Getränk, wie die Geliebte ihrem Liebhaber bedeutet:

*Ins Haus meiner Mutter
würde ich dich führen, dort könntest
du mir deine Liebe zeigen;
ich gäbe dir gewürzten Wein zu trinken
und Nektar von meinen Granatäpfeln.*

Das in obigem Zitat aus dem Deuteronomium erwähnte Olivenöl bringt uns zu einer näheren Betrachtung einer weiteren der ‚Sieben': der Olive (*Olea europaea*). Die wilde Olive wächst in den Hainen von Obergaliläa und am Berg Karmel. Sie ist ein dorniger Strauch, der kleine Früchte hervorbringt. Es gibt viele Sorten kultivierter Oliven, von denen einige für die Ölgewinnung und andere für den Verzehr als eingelegte Oliven geeignet sind. Das Blattwerk ist dicht und im Alter erlangt die Rinde des recht hohen Stamms ein einzigartiges Muster. Es gibt in Israel Bäume, die schätzungsweise 1.000 Jahre alt sind, wie etwa jener im Garten Gethsemane (Jerusalem). Mit zunehmendem Alter wird der Baum hohl, aber der Stamm gewinnt weiter an Umfang, wobei er einen Durchmesser von 6 m erreichen kann. Der Olivenbaum blüht zu Sommerbeginn und seine Früchte reifen etwa zur Zeit der frühen Regenfälle im Oktober. Die ölreiche Frucht ist zuerst grün, wird aber später schwarz.

Besonders weit verbreitet und charakteristisch für die Landschaft ist der Olivenbaum seit jeher im Mittelmeerraum. Die Herstellung von Olivenöl lässt sich anhand von Tontafeln, die man bei Aleppo (Syrien) gefunden hat, bis ins Jahr 2400 v. Chr. zurückverfolgen. Heute produziert Israel nur etwa die Hälfte seines eigenen Jahresbedarfs, so dass Importe unumgänglich sind.

König Sanherib, der Jerusalem im Jahr 701 v. Chr. belagerte, machte ebenfalls Gebrauch von einer Beschreibung wie der im Deuteronomium, als er den Einwohnern von Jerusalem versprach, er würde sie in ein Land von vergleichbarer Fruchtbarkeit ins Exil schicken:

BÄUME UND STRÄUCHER

> **2 KÖNIGE 18,31-32**
>
> *Ihr könnt euch mir getrost ergeben! Dann werdet ihr wieder die Früchte eurer Weinstöcke und Feigenbäume essen und das Wasser eurer Brunnen trinken, bis ich euch in ein Land hole, das so fruchtbar ist wie eures. Dort gibt es Getreidefelder und Weinberge, Brot und Most, Olivenöl und Honig in Hülle und Fülle. Wenn ihr euch ergebt, werdet ihr überleben und kommt nicht um.*

Die Israeliten gingen nicht fort, aber Jesaja prophezeite ihrem König Hiskija, dass sie schließlich ihrer Sünden wegen nach Babylon exiliert werden würden – und so geschah es auch, im Jahr 586 v. Chr.

Der Reichtum Israels wird häufig mit den Worten „Getreide, Weintrauben und Oliven" beschrieben (Dtn 7,13, et al.), welche auch die Grundlage der Wirtschaft bildeten. Als die Israeliten das Land eroberten, fanden sie ausgedehnte Olivenplantagen vor (Dtn 6,11). Westgaliläa, das Gebiet von Ascher (Sohn Jakobs), war und ist besonders reich an Oliven, und zwar in einem solchen Ausmaß, dass es von Ascher heißt, er „tauche seinen Fuß in Öl" (33,24). Sie gedeihen auch in bergigem Gelände, sogar zwischen Felsen, und bringen demnach „Öl aus Felsspalten" (32,13) hervor. Außerhalb der Mauern von Jerusalem befindet sich der „Berg der Olivenbäume" (Sach 14,4) oder „Ölberg". Auch in der Ebene zwischen dem Berg Hermon und der Küste (der Schefela-Niederung) entwickeln sich Oliven gut; hier wachsen sie neben Maulbeerfeigenbäumen (Sykomoren). Diese Früchte waren so kostbar, dass David eigens Aufseher für die Plantagen ernannte. Soweit wir wissen, erhob David keine Steuern; er finanzierte seinen Hofstaat aus seinen ausgedehnten Ländereien, Handel, Plünderungen und Tributleistungen – er war also darauf angewiesen, dass seine Plantagen in gutem Zustand waren:

> **1 CHRONIK 27,28**
>
> *Baal-Hanan aus Gedera beaufsichtigte die Plantagen mit Oliven- und Maulbeerfeigenbäumen in dem Hügelgebiet, das an die philistäische Ebene angrenzte. Joasch verwaltete die Ölvorräte.*

Der Olivenbaum ist voller Schönheit, vor allem, wenn er mit Früchten beladen ist, wie uns der Prophet sagt: „wie ein grünender Ölbaum, der herrliche Früchte bringt" (Jer 1,16). Es ist eine immergrüne Pflanze und die Gerechten, die Zuflucht zu Gott nehmen, werden mit ihr verglichen:

> **PSALMEN 52,10**
>
> *Ich aber darf wachsen und gedeihen wie ein Ölbaum, der im Schutz von Gottes Haus grünt.*

Wie wir bereits gesehen haben, ist die Olive langlebig und wächst zuweilen zu einem wundervoll krummen und knorrigen Baum heran. Die „Triebe eines Ölbaums", auf die in Psalm 128 Bezug genommen wird, sind in Wirklichkeit die Schösslinge, die aus seinen Wurzeln sprießen und den Stamm schützen und, falls dieser gefällt wird, für sein Weiterbestehen sorgen:

> **PSALMEN 128,3**
>
> *Deine Frau gleicht einem fruchtbaren Weinstock, der viele Reben trägt: Die Kinder um deinen Tisch sind so zahlreich wie die jungen Triebe eines Ölbaums!*

Das Holz ist sehr hart und wunderschön gemasert, wodurch es sich gut für die Herstellung von Kleingegenständen und Zierrat eignet; der hohle Stamm des ausgewachsenen Baums ist jedoch ungeeignet für Möbelstücke. Manche Kommentatoren sagen daher, die Olive könne nicht das Holz (*ez shemen*) sein, aus dem die Türen von Salomos Tempel bestanden:

> **1 KÖNIGE 6,31**
>
> *Für den Eingang zum Allerheiligsten wurde eine Tür mit zwei Flügeln aus Olivenholz hergestellt. Der Türrahmen war fünffach abgestuft.*

Im Frühling ist der Olivenbaum mit Tausenden kleiner weißlicher Blüten bedeckt, von denen die meisten abfallen, bevor die Frucht sich herausbildet. Hiobs ‚Tröster', Elifas, der Temaniter, nutzt den Vergleich mit dem Ölbaum im Frühling, um Hiob davor zu warnen, was passiert, wenn er nicht weise ist:

> **HIOB 15,33**
>
> *Er gleicht einem Weinstock, der die Trauben verliert, und einem Ölbaum, der seine Blüten abwirft.*

Der große Wert von Oliven wird von Sacharja in einer Vision beschrieben, nach der es im Tempel zwei Olivenbäume gibt, die für die priesterlichen und königlichen Ämter stehen und die ständige Versorgung mit Öl symbolisieren (Sach 4). Wenn sie reif sind, werden die Früchte auf zwei verschiedene Arten geerntet, indem man mit Stöcken auf die Zweige schlägt oder indem man sie von Hand pflückt. Ersteres geht schneller vonstatten, allerdings werden dabei viele Zweige geknickt, was folgende Ernten schmälert. Diese Methode wurde in biblischen Zeiten angewandt und die Bibel befiehlt, die auf den Zweigen verbliebenen Früchte den Armen zu überlassen:

> *Wenn ihr Oliven von den Bäumen schlagt, dann sucht die Zweige danach nicht mehr ab. Der Rest soll den Ausländern, Waisen und Witwen gehören!*

Dasselbe Gesetz wies den Bauern – aus demselben Grund – an, beim Wein auf eine Nachlese zu verzichten (Dtn 24, 20, 21). Die zweite Methode war dem älteren Teil des Talmud zufolge von etwa 200 n. Chr. an die gebräuchlichere. Sie wurde als *masik* bezeichnet (‚Olivenernte'): Die Finger werden wie in einer melkender Bewegung die Zweige entlang nach unten geführt, so dass die Oliven in die Hand fallen. Bei dieser Methode blieben die geernteten Oliven ganz, während sie bei der anderen oft beschädigt wurden. Es wurden Oliven verschiedener Sorten und unterschiedlicher Größe genutzt, als Öl zum Kochen und in Lampen, zu Konservierungszwecken und für religiöse Rituale. Trotz der

Unterschiede wurde die Olive für viele Gesetze als Standardmaß herangezogen und die Formulierung ‚Land der Olivenbäume' wurde ausgelegt als ‚ein Land, dessen wichtigste Maßeinheit die Olive ist'. Heute können wir Olivenöl oder natives Olivenöl kaufen. Letzteres wird durch traditionelle, mechanische Pressmethoden hergestellt, wohingegen nicht-native Öle häufig chemisch behandelt werden, etwa zur Geschmacksverbesserung.

Jahrhundertelang wurde die Olive in der Küche und für religiöse Zwecke verwendet. Ein bekanntes Beispiel für die religiöse Nutzung im Alten Testament (AT) ist die Szene, als Samuel nach dem Tod von König Saul von Gott aufgefordert wird, den jüngsten Sohn von Isai zu salben:

> **1 SAMUEL 16,13**
> *Da nahm Samuel das Horn mit dem Öl und goss es vor den Augen seiner Brüder über Davids Kopf aus. Sogleich kam der Geist des Herrn über David und verließ ihn von da an nicht mehr.*

Im NT ist die Geschichte einer namenlos bleibenden Frau im Hause von Simon, dem Pharisäer, besonders bekannt. Jesus sagt zu Simon:

> **LUKAS 7,44-47**
> *Ich kam in dein Haus, und du hast mir kein Wasser für meine Füße gegeben, was doch sonst selbstverständlich ist … Du hast meinen Kopf nicht mit Öl gesalbt, während sie dieses kostbare Öl sogar über meine Füße gegossen hat.*

Der alltägliche Gebrauch des Öls in der Küche wird in der Geschichte vom Propheten Elisa und der Ölkanne der Witwe aus dem 9. Jh. v. Chr. bekundet. Nach dem Tod ihres Ehemanns kommen dessen Gläubiger, um der Frau ihre beiden Söhne wegzunehmen. Sie fleht Elisa um Hilfe an und dieser weist sie an, möglichst viele Kannen zusammenzutragen und ihr weniges Öl hineinzugießen. Sie füllt sie alle!

> **2 KÖNIGE 4,7**
> *Die Frau eilte zum Propheten Elisa und erzählte ihm, was geschehen war. Da forderte er sie auf: „Geh nun und verkauf das Öl! Von dem Erlös kannst du deine Schulden bezahlen, und es wird noch genug übrig bleiben, damit du und deine Söhne davon leben können."*

Das moderne Friedenssymbol schließlich, ein Olivenzweig im Schnabel einer Taube, geht auf die Geschichte von Noahs Taube zurück, die mit einem Olivenzweig zur Arche zurückkehrt (Gen 8,11).

Feigen werden sowohl im AT als auch im NT aufgeführt. Um ihre Blöße und Scham im Garten Eden zu bedecken, hefteten Adam und Eva Feigenblätter zusammen; König Sanherib versprach, jeder Israelit könne seinen eigenen Feigenbaum haben; König David ernannte Baal-Hanan aus Gedera zum

Feigenblätter und -früchte

Bäume und Sträucher | 39

Aufseher über seine Maulbeerfeigen; Jesus erzählte ein Gleichnis über einen Feigenbaum und Zachäus kletterte auf einen. Sie alle bezogen sich auf Früchte aus derselben Familie, aber von verschiedenen Bäumen: die Echte Feige (*Ficus carica*) und die Maulbeerfeige (*F. sycomorus*). Der Feigenbaum ist der erste, der in der Bibel mit einem Trivialnamen bezeichnet wird, und der dritte von allen erwähnten Bäumen nach dem Baum des Lebens und dem Baum der Erkenntnis (Gen 3,7).

Echte Feigen wurden in ganz Palästina kultiviert. Ein Baum mit voll ausgebildetem Blätterkleid spendet im Sommer willkommenen Schatten; so schreibt der Prophet Micha um 700 v. Chr.:

> **MICHA 4,4**
> *Jeder kann ungestört unter seinem Feigenbaum und in seinem Weingarten sitzen, ohne dass ihn jemand aufschreckt. Das verspricht der Herr, der allmächtige Gott!*

Eine Missernte würde hier große Unbilden verursachen:

> **JEREMIA 5,15-17**
> *Hört, ihr Israeliten, ich sorge dafür, dass ein Volk von weit her kommt und in euer Land einfällt. Das Volk ist sehr viel älter als ihr, es ist unbezwingbar … Dieses Volk wird … eure Schafe und Rinder schlachten und eure Weinstöcke und Feigenbäume umhauen.*

Die Bäume verlieren im Winter ihre Blätter und treiben spätestens Ende März erneut aus. Kleine Feigen bilden sich zur selben Zeit wie die Blätter aus, wachsen dann bis zur Größe einer Kirsche heran, worauf die Mehrzahl von ihnen vom Wind auf die Erde geweht wird. Diese ‚grünen', ‚unzeitigen' oder ‚Winter'-Feigen werden gesammelt und sind zum Verzehr geeignet. Manche entwickeln sich weiter und werden „sehr gut, wie die köstlichen Frühfeigen, die zuerst im Jahr reif werden" (Jer 24,2). Micha kennt sie als „Frühfeige, nach der ich verlangte" (Micha 7,1). Während diese Früchte reifen, bilden sich weiter oben auf den Ästen weitere kleine Knospen für eine nächste Ernte im August.

Feigen können nicht nur frisch oder als Trockenfrüchte verzehrt werden, sondern lassen sich auch zu einem festen Kuchen pressen (1 Chr 12,40), der mit dem Messer geschnitten werden kann. Ein solcher Kuchen wurde von Abigail für David bereitet, bevor dieser König wurde (1 Sam 25,18). Oder sie können sogar medizinisch genutzt werden, wie für König Hiskija (2 Kön 20,1) verordnet.

Die andere Feige, die Maulbeerfeige, wird mehrfach erwähnt, zum ersten Mal, als David Baal-Hanan zum Aufseher über seine Haine ernennt und später, als Salomo „Zedernholz … in so großen Mengen wie das Holz der Maulbeerfeigenbäume im jüdischen Hügelland" (1 Kön 10,27) gewinnt. Es sind große Bäume mit bis zu 20 m Höhe und einer dichten Krone aus ausladenden Ästen. Sie kommen im Wesentlichen im subsaharischen Afrika vor, wurden aber vor langer Zeit in Ägypten und Israel als Obstplantagenbaum akklimatisiert. Einen Beleg für ihre Kultivierung in alttestamentarischen Zeiten finden wir beim Propheten Amos, als er dem Priester Amazja seine Beschäftigung beschreibt:

> ᴗ AMOS *Ich bin kein Prophet … und ich komme auch aus keiner Prophetenschule.*
> 7,14 *Ich bin Viehzüchter und pflanze Maulbeerfeigenbäume an.* ᴗ

Gute, reife Früchte von diesem Baum zu erhalten, ist schwierig. Für eine gute Ernte ist ein komplexes Zusammenspiel mit Insekten und anderen Lebewesen erforderlich, und außerdem muss der Gärtner jede Feige anritzen. Das obskure hebräische Wort zur Beschreibung von Amos' Arbeit wird verschiedentlich als ‚ablesen', ‚veredeln' oder ‚züchten' übersetzt, und Grabfunde aus Ägypten, wo die Frucht von Beginn des 3. Jahrtausends v. Chr. an weithin angebaut wurde, lieferten materielle Belege für diese Arbeit.

Dank einer Geschichte aus dem Evangelium nach Lukas ist der Baum der wohl bekannteste im ganzen NT. Seine breite Krone ist sicherlich robust genug, um von einem erwachsenen Mann erklettert zu werden:

> ᴗ LUKAS *Jesus zog mit seinen Jüngern durch Jericho. Dort lebte ein sehr reicher*
> 19,1-4 *Mann namens Zachäus, der oberste Zolleinnehmer. Zachäus wollte*
> *Jesus unbedingt sehen; aber er war sehr klein, und die Menschenmenge*
> *machte ihm keinen Platz. Da rannte er ein Stück voraus und kletterte*
> *auf einen Maulbeerfeigenbaum, der am Weg stand. Von hier aus hoffte*
> *er, einen Blick auf Jesus werfen zu können.* ᴗ

Er sah Jesus tatsächlich, aber mehr noch: Jesus sah ihn. Obwohl Jesus, wie Lukas schreibt, ursprünglich nur auf der Durchreise durch Jericho war, lässt er es sich nicht nehmen, mit Zachäus zu sprechen und in seinem Haus einzukehren! Zachäus war außer sich vor Freude, nicht so jedoch die Menge: „Er lädt sich bei einem Gauner und Betrüger ein!" Männer, die im Dienste der Römer von den Israeliten Geld eintrieben, waren in den Augen der Gläubigen alle verdammt. Aber Jesus erkannte eine wunderbare Möglichkeit, eine seiner wichtigsten Botschaften zu predigen. Zachäus bereute seine Habgier und versprach, zurückzuzahlen, was er durch Betrug erworben hatte:

> ᴗ LUKAS *Da entgegnete ihm Jesus: „Heute hat Gott dir und allen, die in deinem Haus*
> 19,9-10 *leben, Rettung gebracht. Denn auch du bist ein Nachkomme von Abraham.*
> *Der Menschensohn ist gekommen, Verlorene zu suchen und zu retten."* ᴗ

Jesus sah, dass Zachäus ein echter Jude war, auch wenn die Menge dies nicht erkannte. Jesus' letzter Satz, der oben zitiert wird, ist eine wundervolle Zusammenfassung seines Ziels auf Erden – allen Erlösung zu bringen, ewiges Leben und Teilhabe am Reich Gottes.

In einer anderen Geschichte, dem Gleichnis vom verlorenen Sohn, erwähnt Jesus noch eine weitere Frucht. Der Sohn hat seine Heimat verlassen und selbstsüchtig all sein Erbe verprasst.

BÄUME UND STRÄUCHER

Karobbaum und -schoten

> *Er verschleuderte sein Geld, bis er schließlich nichts mehr besaß. Da brach in jenem Land eine große Hungersnot aus. Es ging dem Sohn immer schlechter. In seiner Verzweiflung bettelte er so lange bei einem Bauern, bis der ihn zum Schweinehüten auf die Felder schickte. Oft quälte ihn der Hunger so sehr, dass er sogar über das Schweinefutter froh gewesen wäre. Aber nicht einmal davon erhielt er etwas.*
>
> — LUKAS 15,13-16

Einmal mehr vermittelt Jesus eine wirkmächtige Botschaft: Gott liebt einen reuigen Sünder. Zusätzliche Aussagekraft erhält die Botschaft dadurch, dass der Protagonist der Geschichte unter Schweinen lebt, denn diese gelten den Juden als unrein und lassen ihn als besonders schlimmen Sünder erscheinen.

Das Schweinefutter bestand mit größter Wahrscheinlichkeit aus den Früchten des Karobbaums (*Ceratonia siliqua*), der auch als Johannisbrotbaum oder Heuschreckenbaum bekannt ist. Dies könnte bedeuten, dass Johannes der Täufer in der Wüste nicht Honig und Heuschrecken aß, sondern u. a. die Schoten des Karobbaums. Der Baum ist im Nahen Osten heimisch und wird von alters her kultiviert. Die Verwendung von Johannisbrot während einer Hungersnot rührt wahrscheinlich von der Widerstandsfähigkeit des Baums gegen raues Klima und Dürre her. Bei Hungersnöten gab man den Schweinen Johannisbrot, um die begrenzten Ressourcen des Bauern zu entlasten. Heute ist die Schote wirtschaftlich noch immer von Bedeutung. Sie wird als Verdickungsmittel in der Lebensmittelindustrie, bei der Herstellung von Keksen und Kuchen und als Schokoladenersatz verwendet. Die Geschichte vom verlorenen Sohn nimmt übrigens ein gutes Ende: Der Sohn wird zuhause von seinem Vater willkommen geheißen und es wird ihm vergeben.

Vom ersten Buch der Bibel bis zum letzten findet die Weintraube (*Vitis vinifera*) Erwähnung. Noah, ein Bauer, war der erste Mensch, von dem berichtet wird, dass er einen Weinberg anlegte, nachdem er, seine Familie und die Tiere nach der Sintflut wieder an Land kamen (Gen 9,20-23). Er war auch der Erste, der zu viel trank und betrunken wurde, sehr zum Missvergnügen seiner Söhne Ham, Sem und Jafet. Noah betete zu Gott, dass er seine Söhne segnen möge und sie gedeihen lasse. Ein späterer Autor warnte vor der Macht des Weins und schrieb: „Lass dich nicht vom Wein verlocken, wenn er so rötlich schimmert." (Spr 23,21) In einem anderen Buch des AT findet sich in einem Zwiegespräch zwischen Liebhaber und Geliebter ein erotischer Vergleich, in dem die Versuchungskraft unserer Frucht zum Ausdruck kommt:

> *Wie schön und bezaubernd du bist,*
> *meine Liebste! Du bist mein ganzes Glück.*
> *Deine Gestalt gleicht einer hohen Dattelpalme,*
> *und deine Brüste sind wie ihre Früchte.*
> *Ich sagte mir: Ich will auf die Palme steigen*
>
> — HOHESLIED 7,7-9

BÄUME UND STRÄUCHER

Weintraube

und nach ihren reifen Früchten greifen.
Freuen will ich mich an deinen Brüsten,
die den Trauben am Weinstock gleichen.

Der Hl. Johannes berichtet in der Offenbarung, dem letzten Buch des NT, von seiner Vision vom Jüngsten Gericht. Ein Engel versammelt alle Gerechten und ein weiterer wird angewiesen, den Rest zu ‚ernten':

OFFEN-
BARUNG
14,18-20

„Nimm deine scharfe Sichel und schneide die Trauben vom Weinstock der Erde; sie sind reif." Da ließ der Engel seine Sichel über die Erde gleiten und erntete die Trauben. Er warf sie in die große Weinpresse des Zornes Gottes. Draußen vor der Stadt wurde der Saft aus den Trauben gekeltert. Ein riesiger Blutstrom ergoss sich aus der Weinpresse …

Wie auch immer wir diese apokalyptische Beschreibung verstehen, sie verrät etwas darüber, wie die Bauern dieser Zeit den Rebensaft gewannen. Die Weinpresse war ein in Stein gehauener Trog von etwa 2,5 Quadratmetern mit einer Rinne auf einer Seite, die zu einem kleineren Trog führte. Weintrauben wurden in den oberen Trog geworfen und mit bloßen Füßen zerstampft und der Saft floss in den unteren Trog, um dort gesammelt und zu Wein vergoren zu werden.

Das AT kennt Dutzende von Bezugnahmen auf Weintrauben, Weinberge und Wein. Aber Wein war nicht nur ein berauschendes Getränk, er gehörte zu den üblichen Opfergaben wie in Ex 29, Lev 1-7 und Num 28. Am besten zusammengefasst werden die Ansichten der Juden zu diesem Thema jedoch in jenem Psalm, in dem vom „Wein, der das Herz des Menschen erfreut" die Rede ist (Ps 104,14).

Für die Juden war der Weinberg mehr als nur eine Quelle süßer Labsal. Der Prophet Jesaja (749-681 v. Chr.) drückt es in einem Abschnitt seiner Prophezeiungen, der oft als *Das Lied vom unfruchtbaren Weinberg* bezeichnet wird, so aus:

JESAJA
5,1-2.7

Hört! Ich will ein Lied singen,
ein Lied von meinem besten Freund
und seinem Weinberg:
„Auf einem Hügel, sonnig und fruchtbar,
lag das Grundstück meines Freundes.
Dort wollte er einen Weinberg anlegen.
Er grub den Boden um und räumte
alle großen Steine fort.
Die beste Rebensorte pflanzte er hinein.

BÄUME UND STRÄUCHER

*Er baute einen Wachturm mittendrin
und meißelte einen Keltertrog aus dem Felsen.
Wie freute er sich auf die erste Ernte,
auf saftige und süße Trauben!
Doch die Trauben waren klein und sauer! …
Dies ist eure Geschichte, ihr Israeliten.
Ihr seid der Weinberg, und euer Besitzer
ist der Herr, der allmächtige Gott.
Ihr aus Israel und Juda, ihr seid die Pflanzung,
auf deren Erträge er sich freute.
Er wollte von euch gute Taten sehen,
doch er sah nur Bluttaten;
ihr habt nicht Recht gesprochen,
sondern es gebrochen!*

Jesaja beschreibt einen besonderen Weinberg und interpretiert ihn sodann in den letzten beiden Zeilen mit einem machtvollen Wortspiel – auf Hebräisch klingen die Worte für ‚gute Taten' und ‚Bluttaten' gleich, ebenso wie die für ‚Recht sprechen' und ‚Recht brechen'. Es folgt Jesajas Erklärung zum bevorstehenden Gottesgericht über die sündige Nation von Juda, „ein Weinberg von über zwei Hektar" heißt es dort unter anderem, „bringt dann nur ein kleines Fass Wein ein" (Jes 5,10), was ein sehr kleiner Teil des zu erwartenden Ertrags ist. Der Gesamtertrag hängt von der Qualität der Weintrauben ab, von der Güte des Landes, der Dichte der Pflanzung und von sorgfältiger Pflege; dann kann guter Wein aus 2-4 Tonnen Weintrauben pro Hektar produziert werden, und dies kann etwa 700 Liter Wein pro Tonne ergeben. Gottes Strafe ist wirklich hart.

Jesus war auch sehr geschickt, wenn es darum ging, sprechende, vom Alltagsleben inspirierte Vergleiche zu ziehen. Zu den eindrücklichsten gehört das Gleichnis von den Arbeitern im Weinberg, das sich bei Matthäus, Markus und Lukas findet und das wahrscheinlich auf dem *Lied vom unfruchtbaren Weinberg* beruht. Matthäus erzählt das Gleichnis im Detail. Die Arbeiter des Weinbergs waren habgierig und dachten, sie könnten diesen in ihren Besitz bringen. Sie töteten einen Diener, schlugen und steinigten andere. Dann sandte der Eigentümer seinen Sohn: sicherlich würden sie doch zumindest ihn respektieren. Aber auch er wurde getötet. Dieses Gleichnis wurde von Jesus in Jerusalem erzählt, kurz nachdem er verärgert die Tische der Geldwechsler im Tempel umgestürzt hatte. Es ist eine der Äußerungen aus dieser Zeit, mit denen er seine Jünger auf seinen bald bevorstehenden Tod hinwies. Für Christen ist dieses Gleichnis eine ständige Erinnerung daran, dass tatsächlich Jesus Christus es ist, der die Kirche zusammenhält. Diese Worte Jesu, aufgezeichnet durch Johannes, bringen wesentliche Elemente des christlichen Glaubens auf den Punkt:

JOHANNES
15,1-4.16

Ich bin der wahre Weinstock, und mein Vater ist der Weingärtner. Alle Reben am Weinstock, die keine Trauben tragen, schneidet er ab. Aber die Frucht tragenden Reben beschneidet er sorgfältig, damit sie noch mehr Frucht bringen. Ihr seid schon gute Reben, weil ihr meine Botschaft gehört habt. Bleibt fest mit mir verbunden, und ich werde ebenso mit euch verbunden bleiben! Denn eine Rebe kann nicht aus sich selbst heraus Früchte tragen, sondern nur, wenn sie am Weinstock hängt. Ebenso werdet auch ihr nur Frucht bringen, wenn ihr mit mir verbunden bleibt … Ich habe euch dazu bestimmt, dass ihr euch auf den Weg macht und Frucht bringt – Frucht, die bleibt.

Die Jünger und selbst die Menschen unserer Zeit rätseln, was mit ‚Frucht' gemeint ist. Manche denken, es bedeute schlicht, jemanden vom Christentum überzeugt zu haben. Meiner Ansicht nach sollte es in einem weiteren Sinne verstanden werden, so wie vom Hl. Paulus beschrieben:

GALATER
5,16.22-23

Darum sage ich euch: Lasst euer Leben von Gottes Geist bestimmen. Wenn er euch führt, werdet ihr allen selbstsüchtigen Wünschen widerstehen können … Dagegen bringt der Geist Gottes in unserem Leben nur Gutes hervor: Liebe, Freude und Frieden; Geduld, Freundlichkeit und Güte; Treue, Nachsicht und Selbstbeherrschung. Ist das bei euch so? Dann kann kein Gesetz mehr etwas von euch fordern!

Das ist wahrhaftig eine reiche Ernte! Das ist die Ernte, die das Leben der Christen und die Bekehrungstätigkeit der Kirche bereichert und sicherstellen kann, dass alle Gläubigen ihren Nächsten wie sich selbst lieben.

Kapitel III

GETREIDE, KRÄUTER UND BLUMEN

Heute ist die israelische Landwirtschaft von moderner Technologie dominiert. Das Land exportiert eine beträchtliche Menge an landwirtschaftlichen Erzeugnissen, obwohl etwa die Hälfte seiner Fläche von Wüste bedeckt ist und das vorherrschende Klima zu Wassermangel führt. Nach der Schöpfungsgeschichte beginnt die Geschichte der Juden mit Bauern. Das erste Wort im hebräischen Text ist *hereshith* (,im Anfang'). Dies ist der hebräische Titel des Buchs (unser Name kommt von der griechischen Übersetzung, der Septuaginta), es enthält also die Frühgeschichte der hebräischen Welt. Nach der Schöpfungsgeschichte und der Geschichte vom Garten Eden kommen wir zu einer Familiengeschichte:

> **GENESIS 4,1-2**
> *Adam schlief mit seiner Frau Eva, sie wurde schwanger und brachte einen Sohn zur Welt. „Mit der Hilfe des Herrn habe ich einen Sohn bekommen!", rief sie aus. Darum nannte sie ihn Kain. Ihren zweiten Sohn nannte sie Abel. Die beiden wuchsen heran; Abel wurde ein Hirte, Kain ein Bauer.*

Schließlich bringen sie beide dem Herrn ein Opfer dar von dem, was sie erzeugt haben. Kain brachte „etwas vom Ertrag seines Feldes", Abel aber „einige von den ersten Lämmern seiner Herde und [er] opferte die besten Fleischstücke" (Gen 4,3-4). Gott blickte mit Wohlgefallen auf Abels großzügige Gabe, nicht aber auf Kains beiläufiges Geschenk. Kain wurde eifersüchtig, tötete Abel, und als Gott ihn fragte, wo sein Bruder sei, antwortet er mit einer Wendung, die in den Alltagssprachgebrauch übergegangen ist: „Ich weiß nicht; soll ich meines Bruders Hüter sein?" (Gen 4,9)

Archäologische Befunde zeigen, dass die Frühgeschichte der Menschen dieser Region tatsächlich von Ackerbau und Viehzucht geprägt war. Die Hirten hielten Schafe, Ziegen, Esel und ‚Vieh'. Im AT ist letztere Bezeichnung oft ein Sammelbegriff für alle möglichen Tierarten. Abraham, Isaak und Jakob waren Viehzüchter, die umherzogen, um Nahrung für ihr Vieh zu finden. Andererseits waren die Menschen Ägyptens dank dem fruchtbaren Boden im Niltal berühmt für ihr Getreide. Zur Zeit Christi, als die Römer die Welt beherrschten, war Ägypten die ‚Kornkammer' der Welt. Im Laufe der Jahrhunderte wurde der Anbau von Getreide immer wichtiger und die Tatsache, dass im AT ständig Getreide, Wein, Öl und Hülsenfrüchte zusammen aufgeführt werden, zeigt, dass diese Erzeugnisse im Wesentlichen die Ernte eines palästinensischen Bauern ausmachten. Das gesellschaftliche und religiöse Leben der Juden war rund um die verschiedenen Erntezeiten im Jahr organisiert.

Weizen, Gerste und Hafer

Getreide, Kräuter und Blumen | 49

1908 fanden Archäologen bei Grabungen in der antiken Stadt Gezer westlich von Jerusalem eine Kalksteintafel mit Inschriften, die als Gezer-Kalender bekannt wurde:

Zwei Monate der [Oliven-]Ernte (September, Oktober)
zwei Monate der Aussaat (November, Dezember)
zwei Monate der Spätsaat (Januar, Februar)
der Monat des Flachsziehens (März)
der Monat der Gerstenernte (April)
der Monat der Ernte und [ihres] Abschlusses (Mai)
zwei Monate der Weinlese [oder: des Rebenschneidens] (Juni, Juli)
der Monat der Sommerfrüchte (August).

Gleich, ob es sich dabei nun um ein beliebtes Lied oder die Gedächtnisübung eines Schuljungen handelt, der palästinensische Bauer plagte sich ganz offensichtlich das ganze Jahr über. Neben den hier aufgelisteten Aufgaben musste er das steinige Ackerland zum Pflügen vorbereiten und es dann während der Trockenperiode bewässern, wie es in den *Apokryphen* heißt:

JESUS SIRACH
24,30

aus einem Strom hervor ... wie eine Wasserleitung zu einem Lustgarten.

Kains Nachkommen bauten Gerste und Weizen an. Der erste Hinweis auf Gerste findet sich in der Aufzeichnung der schrecklichen Katastrophen, die über Ägypten hereinbrachen, weil sich der Pharao weigerte, die Israeliten ziehen zu lassen. Gott befahl Moses, dem Pharao zu sagen:

EXODUS
8,18.31-32

Darum schicke ich morgen um diese Zeit den schlimmsten Hagel, den Ägypten in seiner Geschichte je gesehen hat! ... Das Unwetter hatte Flachs und Gerste vernichtet, denn die Gerste stand in Ähren, und der Flachs blühte. Aber Weizen und Dinkel blieben unbeschädigt, weil sie später gesät und geerntet werden.

Wir betrachten die Getreidesorten in der Reihenfolge ihrer Nennung, die, wie wir noch sehen werden, durchaus nicht der ihrer Bedeutung oder ihres Werts entspricht. Die Gerste (*Hordeum vulgare*) ist ein selbstbefruchtendes Mitglied der Familie der Gräser. Ihre wilden Vorläufer wuchsen im Überfluss im Gebiet des Fruchtbaren Halbmonds Vorderasiens, einer hufeisenförmigen Landmasse, die sich von Mesopotamien bis nach Oberägypten zieht. Genau dies ist das Land Kains und der alten Patriarchen, weswegen es nicht verwundert, dass eines der für sie von Gottes aufgestellten Gesetze lautet:

Weizen und Gerste

Getreide, Kräuter und Blumen | 51

> **LEVITIKUS 27,16**
>
> *Will jemand ein geerbtes Stück Land mir, dem Herrn, weihen, soll man den Wert nach dem erforderlichen Saatgut festlegen. Für ein Feld, auf dem man drei Zentner Gerste aussäen kann, müssen 50 Silberstücke [Schekel] gezahlt werden.*

In antiken Zeiten war der Schekel einfach eine Gewichtseinheit von etwa 12 g und soll sich ursprünglich auf das Gewicht von Gerste bezogen haben. Später wurde auch eine Münze so benannt und heute bezieht sich der Name nur noch auf die israelische Landeswährung. Gerste wurde im April oder Mai eingebracht, in Abhängigkeit vom Wetter und von der Lage des Farmlands.

Das Ausmaß der Gerstenerträge etwa um 950 v. Chr. lässt sich aus den Worten ablesen, die Salomo König Hiram von Tyros als Teil seiner Anfrage um Holz und Arbeiter zukommen ließ:

> **2 CHRONIK 2,8-10**
>
> *Wir werden eine große Menge Holz brauchen, denn der Tempel, den ich bauen will, soll groß und prächtig sein. Als Bezahlung für deine Holzfäller werde ich 2640 Tonnen gedroschenen Weizen liefern, 2640 Tonnen Gerste, 4500 Hektoliter Wein und 4500 Hektoliter Öl.*

Hiram erklärte sich einverstanden, ernannte einen erfahrenen Vorarbeiter, der mit Salomos Männern arbeiten sollte, und sandte das Holz. Die versprochene Menge an Lebensmitteln und Getränken wurde dringend gebraucht – Salomo befahl 153.000 Mann zum Arbeitseinsatz! Für neutestamentarische Zeiten dann ist überliefert, dass ein Arbeiter als „Lohn eines ganzen Arbeitstages … nur noch ein Kilo Weizen oder drei Kilo Gerste" (Offb 6,6) erhält.

Gerste ist ein nahrhaftes Lebensmittel. Obwohl es gegenüber dem Weizen als minderwertig galt, wurde und wird das daraus gewonnene Vollkornmehl oft zum Kochen verwendet. Nach dem Tod von Joshua fiel Israel in die Hände der Midianiter. Ihr Stammgebiet grenzte an den östlichen Arm des Roten Meers. Dorthin war Moses geflohen, nachdem er den Ägypter getötet hatte (Ex 2). Nach neun Jahren der Unterdrückung führte Gideon die Bestrebungen an, sich von den Midianitern zu befreien:

> **RICHTER 7,8-14**
>
> *All dies geschah oberhalb der Talebene, in der die Midianiter lagerten. In der Nacht sprach der Herr zu Gideon: „Greif die Midianiter an! Ich gebe ihr Lager in deine Gewalt! Wenn du aber Angst hast, dann geh vorher mit deinem Diener Pura hinunter und hör dir an, was sie dort reden … Gideon kam ganz nahe an die feindlichen Soldaten heran und hörte, wie ein Mann gerade zu seinem Kameraden sagte: „Ich muss dir etwas erzählen! Ich habe geträumt, dass ein riesiges Gerstenbrot in unser Lager gerollt ist.*

> *Es hat ein Zelt getroffen und umgerissen. Alles flog durcheinander und stürzte zu Boden." Der andere erwiderte: „Das kann nur eins bedeuten: das Schwert des Israeliten Gideon, des Sohnes von Joasch! Gott wird ihm den Sieg über uns Midianiter und unser ganzes Lager schenken!"*

Und ob er das tat. Mit lediglich 300 Männern besiegte Gideon den Feind. Offenbarungen durch Träume werden im AT oft erwähnt. Die Bilderwelt dieses Traums ist besonders treffend, weil der Gerstenlaib nur halb so viel wert ist wie einer aus Weizen und somit ein gutes Symbol für das dem Feind zahlenmäßig weit unterlegene Israel. Für Gideon musste das, was er da mithörte, eine große Beruhigung sein.

Eine ganz andere, wunderbar friedvolle Geschichte rund um einen Gerstenlaib findet sich in allen vier Evangelien, auch wenn nur Johannes benennt, um welche Art von Brot es geht:

JOHANNES 6,3-13

> *Zusammen mit seinen Jüngern ging Jesus auf einen Berg, und dort setzten sie sich. Das jüdische Passahfest stand kurz bevor. Als Jesus aufblickte, sah er die vielen Menschen, die zu ihm kamen. Darauf wandte er sich an Philippus: „Wo können wir für alle diese Leute Brot kaufen?" Er fragte dies, um zu sehen, ob Philippus ihm vertraute; denn er wusste schon, wie er die Menschen versorgen würde. Philippus überlegte: „Wir müssten über 200 Silberstücke ausgeben, wenn wir für jeden auch nur ein wenig Brot kaufen wollten." Da sagte ein anderer von seinen Jüngern zu Jesus – es war Andreas, der Bruder von Simon Petrus: „Hier ist ein Junge, der hat fünf Gerstenbrote und zwei Fische dabei. Aber was ist das schon für so viele Menschen!" Jetzt forderte Jesus die Jünger auf: „Sagt den Leuten, dass sie sich hinsetzen sollen!" Etwa fünftausend Männer ließen sich auf dem Boden nieder ... Dann nahm Jesus die fünf Gerstenbrote, dankte Gott dafür und ließ sie an die Menschen austeilen. Ebenso machte er es mit den Fischen. Jeder bekam so viel, wie er wollte. Als alle satt waren, sagte Jesus zu seinen Jüngern: „Sammelt die Reste ein, damit nichts verdirbt!" Das taten sie und füllten noch zwölf Körbe mit den Resten. So viel war von den fünf Gerstenbroten übrig geblieben.*

Gerstenbrot war billig, das Nahrungsmittel der Armen. Die wundersame Ernährung der 5.000 Männer – Frauen und Kinder wurden nicht mitgezählt – war eine wundervolle Einleitung für die

Gerste

darauffolgende Zusammenkunft Jesu mit seinen Jüngern, bei der er ihnen sagte:

JOHANNES 6,26-35

„Ich weiß, weshalb ihr mich sucht: doch nur, weil ihr von mir Brot bekommen habt und satt geworden seid; ... Bemüht euch doch nicht nur um das vergängliche Brot, das ihr zum täglichen Leben braucht! Setzt alles dafür ein, die Nahrung zu bekommen, die bis ins ewige Leben reicht. Diese wird der Menschensohn euch geben..." „Herr, gib uns jeden Tag dieses Brot!", baten sie ihn. „Ich bin das Brot des Lebens", sagte Jesus zu ihnen. „Wer zu mir kommt, wird niemals wieder hungrig sein, und wer an mich glaubt, wird nie wieder Durst haben.

Diese Erklärung von Jesus ist eines von sieben ‚ICH BIN'-Worten, die alle nur im Evangelium nach Johannes verzeichnet sind. Die Menge und die Jünger verstanden sie nicht. Sie dachten, Jesus spreche von wirklichem Brot. Mit „Ich bin das Brot" schafft Jesus einen Anklang an Gottes Worte, als dieser Moses seinen Namen nennt: „Ich bin, der ich bin!" (Ex 3,14) Er konstatiert seine eigene Göttlichkeit und begibt sich damit auf Kollisionskurs mit der Obrigkeit. Er lässt die Menge murrend zurück: „Will dieser Mensch uns etwa seinen Leib zu essen geben?" Für die Jünger war es eine schwere Lektion, aber Simon Petrus gab schließlich zu: „Nur deine Worte schenken das ewige Leben. Wir glauben und haben erkannt, dass du der Heilige bist, den Gott gesandt hat." (Joh 6,68-69) Auch heute noch empfinden Christen dies als Herausforderung und sie brauchen den Glauben eines Petrus, um sagen zu können: „Ich glaube."

Eine der bekanntesten Geschichten im AT ist die von Jakobs zweitjüngstem Sohn, Joseph. Nicht zuletzt dank Andrew Lloyd Webbers Musical *Joseph and the Technicolour Dreamcoat* ist die Geschichte aus der Genesis vielen Menschen aller Altersklassen ein Begriff. Sie beginnt so:

GENESIS 37,2-7

Jakobs Sohn Josef war inzwischen 17 Jahre alt. Seine Aufgabe war es, die Schaf- und Ziegenherden seines Vaters zu hüten, zusammen mit seinen Halbbrüdern ... Jakob liebte Josef mehr als die anderen Söhne, weil er ihn noch im hohen Alter bekommen hatte. Darum ließ er für ihn ein besonders vornehmes und prächtiges Gewand anfertigen. Natürlich merkten Josefs Brüder, dass ihr Vater ihn bevorzugte. Sie hassten ihn deshalb und konnten kein freundliches Wort mehr mit ihm reden. Eines Nachts hatte Josef einen Traum. Als er seinen Brüdern am nächsten Morgen davon erzählte, wurden sie noch wütender auf ihn. „Hört mal, was ich geträumt habe!", rief Josef. „Also, wir waren auf dem Feld und banden das Getreide in Garben zusammen. Da richtete meine sich plötzlich auf und blieb aufrecht stehen. Eure dagegen bildeten einen Kreis darum und verbeugten sich tief vor meiner Garbe."

Seine Brüder sagten zu ihm: „Was, du willst also König werden und dich als Herrscher über uns aufspielen?" (Gen 37,8) Aus Eifersucht planten sie, ihn zu töten, verkauften ihn aber stattdessen, als sie alle draußen dabei waren, ihre Herden zu hüten, an midianitische Händler, die auf dem Weg nach Ägypten waren. Was aber hatte es mit Josephs Traum über Weizen auf sich? In Ägypten legte Joseph für Hofbedienstete und den Pharao Träume aus. Der Pharao belohnte ihn dafür, indem er ihn zum Aufseher über ganz Ägypten machte, was bedeutete, dass er die Aufbewahrung der Weizenernte des Landes kontrollierte:

GENESIS 41,48-49 — *In jede Stadt ließ er [Josef] den Ertrag der sie umgebenden Felder bringen. Die Getreideberge waren nicht mehr zu wiegen – ja, nicht einmal mehr schätzen konnte man die riesigen Mengen!*

Der Rest der Familiengeschichte und deren glückliches Ende werden in Gen 42-47 erzählt.

Wilder Emmer und Einkorn-Formen des Weizens (*Triticum*-Arten) wurden erstmals im Fruchtbaren Halbmond angebaut. Beim Getreide aus Josephs Traum handelt es sich also um Weizen. Archäologische Belege für Einkorn in Jordanien gehen bis 7500-7300 v. Chr. zurück; außerdem gibt es Indizien für Emmer im Iran, die sich auf 9600 v. Chr. datieren lassen. Die Genetik des Weizens ist kompliziert. Er ist selbstbefruchtend und es sind mehrere Kulturformen entstanden. In Josephs Zeit wurde er im Frühsommer geerntet, etwa einen Monat nach der Gerste. Die Ernte war arbeitsintensiv. Der Bauer ergriff mit der linken Hand eine Handvoll Halme, schnitt sie mit einer in der rechten Hand gehaltenen Sichel relativ weit oben ab und band sie in Garben. In schwer abzuerntenden Ecken des Feldes ließ man die Pflanzen wachsen. Dieses Getreide und die zu Boden gefallenen Körner wurden für die Nachleser übrig gelassen, wie in der Geschichte von Ruth erzählt wird. Sie lebte vor über 3.000 Jahren und war eine Moabiterin, die ihre verwitwete israelitische Schwiegermutter fragte, ob sie auf die Felder gehen und das übriggebliebene Getreide auflesen könne. Der Rest der Geschichte bildet einen intimen, entzückenden Einblick in das Familienleben (Ruth 1-4).

Für den Bauern blieb noch viel zu tun. Die Garben wurden in Karren oder auf dem Rücken von Eseln zu einem Dreschplatz gebracht, einem kreisförmigen Flecken ebenen, harten, trockenen Bodens. Dieser befand sich üblicherweise im Gemeinschaftsbesitz des Dorfes. Eine verbreitete Methode des Dreschens bestand darin, die Garben auszubreiten und mit einem von ein oder zwei Ochsen gezogenen hölzernen Dreschschlitten darüberzufahren. Das Getreide war nun von den Hülsen befreit, aber vermischt mit gebrochenem Stroh und Spreu. Dieses Gemisch wurde mit einer Schaufel in die Luft geworfen ('geworfelt'), wodurch das schwerere Getreide herunterfiel und die Spreu weggeblasen wurde. Sehr oft wurde Getreide zum Schluss noch gesiebt. Mehrfach verwendet der Prophet Jesaja Bilder aus dem Weizenanbau, um zu illustrieren, was mit den Juden geschieht, insbesondere in dieser Botschaft von Gott:

Wassermelone (Mitte)

Getreide, Kräuter und Blumen | 57

> *Passt auf und hört gut zu, was ich euch sage:*
> *Pflügt ein Bauer vor der Aussaat etwa mehrmals sein Feld?*
> *Geht er jeden Tag wieder mit der Egge darüber? Nein!*
> *Sobald er den Acker einmal vorbereitet hat,*
> *sät er alles Mögliche an:*
> *Dill und Kümmel, dann Weizen,*
> *Hirse und Gerste, jedes an seinem bestimmten Platz,*
> *und schließlich am Rand des Feldes noch Dinkel.*
> *Er weiß genau, was zu tun ist,*
> *denn sein Gott hat es ihn gelehrt.*
> *Dill und Kümmel wird er nicht wie*
> *Getreide mit einer schweren Walze ausdreschen,*
> *sondern mit einem Stock klopft er die Samen sorgfältig aus.*
> *Und das Getreide – wird es etwa schonungslos zermalmt?*
> *Nein, natürlich nicht! Der Bauer drischt es nicht länger als nötig.*

JESAJA 28,23-28

Dinkel ist eine weitere Form des antiken Weizens. Es gibt wissenschaftliche Belege dafür, dass dieser sich im Nahen Osten zunächst als Hybrid zwischen Emmer und einem Wildgras herausbildete – lange bevor Weizen (*Triticum aestivum*), wie wir ihn kennen, angepflanzt wurde. Trotz der Bezugnahme in der Bibel glauben manche Kommentatoren nicht, dass in Mesopotamien Dinkel angebaut wurde, sondern dass hier eine Verwechslung mit Emmer vorliegt. Jesajas poetisches Gleichnis wird dahingehend interpretiert, dass Gottes Handeln, obwohl er Israel bestrafen muss, so wohlkontrolliert sein wird wie das eines guten Bauern.

Schließlich wurde das kostbare Korn eingelagert. Wenn dies sorgfältig geschah, hielt es mehrere Jahre, wie Joseph in Ägypten herausfand. Es wurden unterirdische, flaschenförmige Silos gegraben oder das Getreide wurde in großen tönernen Krügen aufbewahrt. Ausgrabungen in Jericho förderten Hirse, Gerste und Linsen in runden Tonbehältern zutage, die vor über 5.000 Jahren eingelagert worden waren! Die Freude des Bauern kommt in diesen begeisterten Worten in den Psalmen zum Ausdruck:

> *Du sorgst für das ganze Land,*
> *machst es reich und fruchtbar.*
> *Du füllst die Bäche und Flüsse mit Wasser,*
> *damit Getreide in Hülle und Fülle wächst.*
> *Du befeuchtest das gepflügte Land und*
> *tränkst es mit strömendem Regen.*
> *Das ausgedörrte Erdreich weichst du auf,*
> *und alle Pflanzen lässt du gedeihen.*

PSALMEN 65,10-13

Du schenkst eine reiche und gute Ernte –
sie ist die Krönung des ganzen Jahres.
Selbst die Steppe fängt an zu blühen,
von den Hügeln hört man Freudenrufe.

Heute ist die Ernte noch immer eine Zeit, die von Menschen unterschiedlichster Glaubensrichtungen gefeiert wird. Christen in Land- und Stadtkirchen singen Erntedanklieder wie *Wir pflügen, und wir streuen / den Samen auf das Land*. Die Gläubigen sind sich der Dankesschuld bewusst, in der sie sich gegenüber Gott befinden für die reichliche Nahrung – selbst wenn diese aus dem Supermarkt stammt.

In der oben zitierten Botschaft Jesajas werden noch andere Feldfrüchte als Getreide erwähnt. Gemüse und Kräuter waren Teil des häuslichen Lebens, aber einen Gemüsegarten, wie wir ihn kennen, besaßen nur die Vermögenden. Als Ahab von 874 bis 853 König des Nordreichs Israel war, sagte er zu Nabot in Samaria: „Verkauf mir doch deinen Weinberg! Ich möchte einen Gemüsegarten anlegen." Nabot weigerte sich, aber Ahabs Frau Jezebel verschwor sich gegen Nabot, ließ ihn steinigen, weil er angeblich Gott und den König gelästert hatte, und kam so an den Weinberg. Doch Ahab wollte nichts mit den bösen Wünschen seiner Frau zu schaffen haben (1 Kön 21).

Viele Jahre später sagt Jesaja den sündigen Israeliten, die Verwüstung durch Invasoren in den letzten zwei Jahrhunderten habe Jerusalem in einem Zustand belassen, nicht wehrhafter als

JESAJA 1,8 *ein Wächterhäuschen im Weinberg,*
wie eine Hütte im Gurkenfeld.

Der Eigentümer eines Weinbergs baute dort oft einen Turm und beschäftigte einen Wächter, um seine Früchte zu schützen. Bei dem ‚Gurkenfeld' dürfte es sich jedoch eher um ein solches mit Wassermelonen (*Citrullus lanatus*) gehandelt haben.

Am Ende seines Lebens, als Jesus nach Jerusalem gelangte, wandte er sich an die Menge und prangerte die Scheinheiligkeit der Sadduzäer und der Pharisäer an, wobei er ein vertrautes Bild verwendete:

MATTHÄUS 23,23 *Wehe euch, ihr Schriftgelehrten und Pharisäer! Ihr Heuchler!*
Sogar von Küchenkräutern wie Minze, Dill und Kümmel gebt
ihr Gott den zehnten Teil. Aber die viel wichtigeren Forderungen
Gottes nach Gerechtigkeit, Barmherzigkeit und Treue sind euch
gleichgültig. Doch gerade darum geht es hier: das Wesentliche
tun und das andere nicht unterlassen.

Jesus kritisiert nicht die Befolgung der Gesetze, sondern die Scheinheiligkeit, die darin liegt, manchen Teilen davon Folge zu leisten und anderen nicht. Wir tun dies auch heute manchmal, wenn wir

GETREIDE, KRÄUTER UND BLUMEN

die Liturgie unseres bevorzugten Gottesdienstes mitfeiern, es aber unterlassen, unseren Nächsten so zu lieben wie uns selbst.

Die Geschichten zeigen eindeutig, dass Gemüse und Gewürze ein wichtiger Teil des damaligen Lebens waren. Sie wurden allesamt dazu verwendet, Nahrungsmittel schmackhaft zu machen. Die Minze (*Mentha*) ist mehrjährig und hat weltweit zahlreiche Formen hervorgebracht, darunter Pfefferminze (*M. piperita*) und Grüne Minze (*M. spicata*), die zwei meistverwendeten Arten in der Küche der

MINZE

gemäßigten Klimazonen. Die Blätter werden in Europa und im Nahen Osten frisch oder getrocknet Lammgerichten beigegeben oder für Minztee verwendet. Dill (*Anethum graveolens*) ist mit Sellerie verwandt. Seine Blätter sind aromatisch und werden in Europa, im Nahen Osten und in Asien verwendet, um Fisch, Gewürzgurken und Suppe abzuschmecken. Es ist ein einjähriges Kraut. Kreuzkümmel (*Cuminum cyminum*) ist eine einjährige Pflanze aus der Familie der Petersilie. Das Gewürz besteht aus den getrockneten oder gemahlenen Samen, die einen erdigen Geschmack abgeben. Er war charakteristisch für die altägyptische Kochkunst und später ein Teil der jüdischen, griechischen und römischen Küche. Kurz bevor König David gegen Absalom, der sich gegen ihn verschworen hatte, in die Schlacht zog, brachten die Menschen, bei denen er sich aufhielt

LINSEN

2 SAMUEL 17,28-29

David und seinen Männern Schlafmatten mit, Töpfe und Schüsseln, Weizen, Gerste, Mehl, geröstete Getreidekörner, Bohnen und Linsen, Honig, Butter und Käse …

In der Jewish Virtual Library wird nahegelegt, dass es sich bei den Bohnen um Ackerbohnen (*Vicia faba*) handelte. Historiker glauben, die Bohne sei eine der ersten Kulturpflanzen gewesen und um 6.000 v. Chr. Teil der Ernährung der Menschen im östlichen Mittelmeergebiet geworden. Linsen (*Lens culinaris*) sind essbare Samen, die wie die Erbsen zur Familie der Hülsenfrüchtler gehören. Verzehrt werden sie seit dem Neolithikum. Sie gehörten auch zu den ersten Feldfrüchten, die im Nahen Osten vor bereits 13.000 Jahren kultiviert wurden. Die moderne Wissenschaft hat entdeckt, dass sie eine reiche Proteinquelle sind und den, wenn auch wenigen, Erwähnungen in der Heiligen Schrift zufolge dürften sie ein verbreitetes Nahrungsmittel für die Ärmeren gewesen sein. Die berühmteste biblische Geschichte, die von Linsen spricht, lautet:

GENESIS 25,29-34

Eines Tages – Jakob hatte gerade ein Linsengericht gekocht – kam Esau erschöpft von der Jagd nach Hause. „Lass mich schnell etwas von der roten Mahlzeit da essen, ich bin ganz erschöpft!", rief er. Darum bekam er auch den Beinamen Edom („Roter"). „Nur wenn du mir dafür das Vorrecht überlässt, das dir als dem ältesten Sohn zusteht!", forderte Jakob. „Was nützt mir mein Vorrecht als ältester Sohn, wenn ich am Verhungern bin!", rief Esau. Jakob ließ nicht locker. „Schwöre erst!", sagte er. Esau schwor es ihm und verkaufte damit sein Recht, den größten Teil des Erbes zu bekommen, an seinen jüngeren Bruder. Jakob gab ihm das Brot und die Linsensuppe.

GETREIDE, KRÄUTER UND BLUMEN | 61

Pfefferminze

Linsenschoten nehmen beim Kochen eine rötlich-braune Farbe an, daher ist hier von der ‚roten Mahlzeit' die Rede. Ermutigt durch seine Mutter, die Jakob als ihren Lieblingssohn behandelte, brachte Jakob seinen alten, blinden Vater später durch einen Trick dazu, ihm den dem Erstgeborenen zustehenden Segen zu erteilen, wodurch er viel familiäre Spannungen erzeugte. Die Geschichte ist bis heute eine zeitgemäße Warnung vor den Gefahren elterlicher Bevorzugung.

Eine der exotischsten Bezugnahmen auf Pflanzen findet sich im *Hohenlied*. Der Liebhaber sagt zu seiner Geliebten:

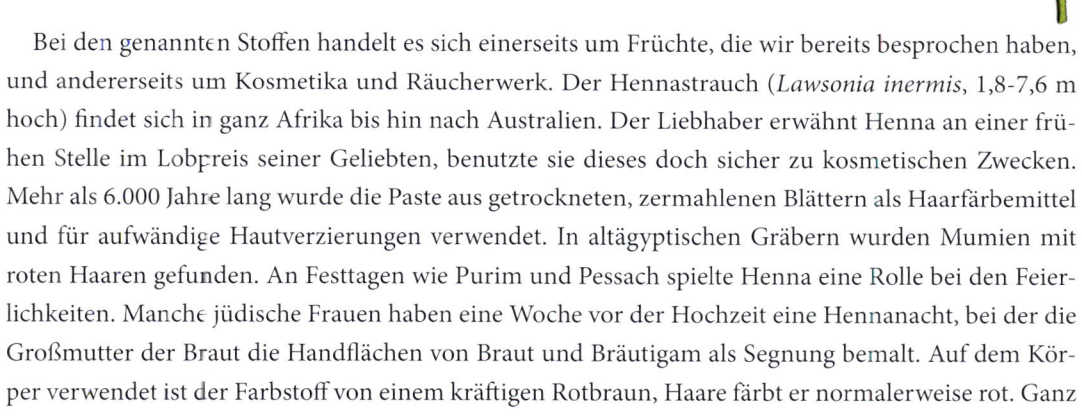

HENNA

HOHESLIED 4,13-14

Ja, dein Körper ist ein herrlicher Garten. Darin stehen Granatapfelbäume mit köstlichen Früchten, und die Hennasträucher blühen in voller Pracht. Es duftet nach Narde und Safran, Kalmus und Zimt; selbst Weihrauchsträucher, Myrrhe, Aloe und die edelsten Balsamgewächse sind dort zu finden.

Bei den genannten Stoffen handelt es sich einerseits um Früchte, die wir bereits besprochen haben, und andererseits um Kosmetika und Räucherwerk. Der Hennastrauch (*Lawsonia inermis*, 1,8–7,6 m hoch) findet sich in ganz Afrika bis hin nach Australien. Der Liebhaber erwähnt Henna an einer frühen Stelle im Lobpreis seiner Geliebten, benutzte sie dieses doch sicher zu kosmetischen Zwecken. Mehr als 6.000 Jahre lang wurde die Paste aus getrockneten, zermahlenen Blättern als Haarfärbemittel und für aufwändige Hautverzierungen verwendet. In altägyptischen Gräbern wurden Mumien mit roten Haaren gefunden. An Festtagen wie Purim und Pessach spielte Henna eine Rolle bei den Feierlichkeiten. Manche jüdische Frauen haben eine Woche vor der Hochzeit eine Hennanacht, bei der die Großmutter der Braut die Handflächen von Braut und Bräutigam als Segnung bemalt. Auf dem Körper verwendet ist der Farbstoff von einem kräftigen Rotbraun, Haare färbt er normalerweise rot. Ganz offensichtlich schätzte der Liebhaber seine mit Henna-Tattoos geschmückte Geliebte.

Nardenöl wird nur im *Hohenlied* genannt. Es wird aus mehreren Pflanzen gewonnen, am häufigsten aus einem Mitglied der Familie der Baldriangewächse, *Nardostachys jatdamansi*. Es wird als Parfüm oder Räucherwerk verwendet. Wahrscheinlich war dies der Duftstoff, der im Tempel von Salomo verwendet wurde. Viel später begann damit die Geschichte von der Geburt Johannes des Täufers und seines Cousins Jesus Christus:

LUKAS 1,8-9

Wieder einmal tat Zacharias seinen Dienst als Priester vor Gott, weil die Gruppe Abija an der Reihe war. Wie üblich wurde ausgelost, wer zur Ehre Gottes im Tempel den Weihrauch anzünden sollte. Das Los fiel auf Zacharias.

GETREIDE, KRÄUTER UND BLUMEN | 63

Dill

64 | PFLANZEN UND TIERE IM HEILIGEN LAND

Der Engel Gabriel kam zu ihm, als er am Weihrauchaltar stand, und sagte ihm, seine Frau Elisabeth würde einen Sohn empfangen. Sechs Monate später besuchte derselbe Engel Maria und sagte ihr, sie sei von Gott auserwählt, um seinen Sohn, Jesus, zu empfangen.

Nardenöl wurde auch gegen Schlaflosigkeit, Probleme bei der Geburt und andere Gebrechen verwendet. Safran war ein weiterer Luxusgegenstand, gewonnen aus dem *Crocus sativus*, einer Kulturform des wilden Krokus der Mittelmeerregion. Die flieder- bis malvenfarbenen Blüten werden im Herbst geerntet. Das Gewürz, das Nahrungsmitteln einen einzigartigen Geschmack und eine orange-gelbe Farbe verleiht, ist äußerst kostbar: Es wird aus den frischgepflückten Blüten gewonnen, wobei für die beste Qualität nur die roten Narben oder ‚Fäden' aus der Mitte der Blüten gesammelt werden. Heute braucht man für ein Kilogramm getrockneten Safran eine Ernte von 110.000-170.000 Blüten! Der Anbau in diesem Maßstab ist sehr teuer. Die Geliebte musste eine reiche Frau gewesen sein, wenn sie über Farmland und Arbeiter verfügte, die genügend Krokuspflanzen für ihren Safran heranziehen konnten.

SAFRAN

Der Kalmus (*Acorus calamus*) hat seinen Ursprung wahrscheinlich in Asien, ist aber auch in Europa weitverbreitet. Er ist eine Sumpfpflanze, deren duftende Blätter und sogar noch stärker duftenden Rhizome über Jahrhunderte in Arzneimitteln, in Parfüm und als Ersatz für Ingwer, Zimt und Muskatnuss gebraucht wurden – was einige der Gewürze sein mögen, auf die der Geliebte hindeutet. Wir wissen, dass Kalmus bereits 1300 v. Chr. im Alten Ägypten verwendet wurde. Seine Erwähnung durch den Geliebten mag v. a. damit zusammenhängen, dass er lange Zeit ein Symbol der Liebe war. Andernorts wird er je einmal bei Jesaja (43,24) und Jeremia (6,20) erwähnt, wahrscheinlich als Ingredienz in einem Salböl. Jeremia führt ihn eindeutig als Importgut „aus fernen Ländern" (Jer 8,22) auf.

Der Verfasser der Sprüche erwähnt auch „Myrrhe …, mit Aloe und Zimt" (Spr 7,17). In der Rolle einer Ehebrecherin sprechend, beschreibt der Autor, wie sie ihr Bett mit farbigem ägyptischem Leinen bedeckt, das sie dann mit diesen drei Produkten parfümiert. Myrrhe ist ein Gummiharz, das üblicherweise von einem kleinen, dornigen Baum, *Commiphora myrrha*, gewonnen wird, heimisch auf der südarabischen Halbinsel und in Nordostafrika. Eine verwandte Art, *Commiphora gileadensis*, wächst im östlichen Mittelmeergebiet. Sie findet sich im gequälten Aufschrei des Propheten Jeremia wieder: „Gibt es denn in Gilead keine Salben mehr"? (Jer 8,22) Gilead war das Gebiet östlich des Jordan und unmittelbar nördlich des Toten Meers. Es war eine bedeutende Quelle von Gewürzen und findet als Herkunftsort der Händler Erwähnung, die Joseph von seinen Brüdern kauften und deren mitgeführte Produkte dabei aufgelistet werden (Gen 37,25). Myrrhe wurde als Zutat für das Einbalsamieren von Leichnamen im Alten Ägypten verwendet, im geweihten Räucherwerk im Tempel, im heiligen Salböl (Esther 2,12) und als Droge, um die Sinne zu vernebeln. Für Christen ist die berühmteste Erwähnung die als eines der drei Geschenke, die Jesus bei seiner Geburt von den drei Weisen aus dem Morgenland

Blüten der Ackerbohne und Bohnenschote

überreicht wurden (Mt 2,11). Außerdem fand sie sich in dem Trank, der ihm bei seiner Kreuzigung von den römischen Soldaten dargeboten wurde (Mk 15,23).

Aloen sind Sukkulenten, die in vielen Arten vorkommen und in Afrika, dem Nahen Osten und Asien weitverbreitet sind. *Aloe vera* ist die Art, die am häufigsten zur Herstellung von Kräuterarzneimitteln oder Seife verwendet und noch heute in der pharmazeutischen Industrie gebraucht wird. Die alten Griechen und Römer z. B. verwendeten sie zur Wundbehandlung. Nach Jesu Tod nahm Joseph von Arimathäa den Leichnam mit Erlaubnis des Pilatus an sich, um ihn in das Grab zu legen, das er für sich selbst vorbereitet hatte. Nikodemus, ein weiterer heimlicher Anhänger von Jesus und derselbe Mann, der Jesus nachts aufgesucht hatte (Joh 3), begleitete Joseph:

JOHANNES 19,39-40

Auch Nikodemus, der Jesus einmal nachts aufgesucht hatte, kam und brachte etwa 30 Kilogramm einer Mischung aus Myrrhe und Aloe. Mit diesen wohlriechenden Salbölen wickelten sie den Leichnam von Jesus in Leinentücher ein. So war es beim Begräbnis von Juden üblich.

Die Menge des Salböls war ungewöhnlich, so wie sie vielleicht bei einem königlichen Begräbnis verwendet worden sein mochte, zum Beispiel dem von König Asa von Juda (2 Chron 16,14). Das zeigt, für wie bedeutend die beiden Männer Jesus hielten. Für sie *war* er in der Tat der König, aber wie Jesus bei seinem Gerichtsverfahren zu Pilatus sagte, war sein Königreich nicht von dieser Welt. Pilatus verstand dies nicht, ebenso wenig die Soldaten, welche die Dornenkrone fertigten und sarkastisch riefen: „Heil dir, König der Juden!" Als er ans Kreuz geschlagen wurde, wurde auch der Hinweis ‚Jesus von Nazareth, König der Juden' angebracht. Die Juden protestierten: Jesus habe lediglich behauptet, König der Juden zu sein. Aber Pilatus weigerte sich, das Schild abnehmen zu lassen. Es ist schwierig, an die Liebesbotschaft Christi zu glauben und noch schwieriger, dieser treu zu bleiben – man denke nur daran, dass Joseph und Nikodemus heimlich ans Werk gingen.

Die Gewürze erzählen eine Geschichte von menschlicher Liebe, vom Wert, der auf die eigene Erscheinung gelegt wird, von unserer Vorliebe für schmackhaftes Essen und unserer Fürsorge für die Kranken, Verletzten und Toten. Aus winzigen Samen und Blüten wachsen großartige Dinge, wenn sie von der Liebe Gottes genährt werden.

ALOE

GETREIDE, KRÄUTER UND BLUMEN

Kalmus

Es gibt im Neuen wie im Alten Testament viele Verweise auf Stoffe und Einrichtungsgegenstände wie etwa Leinenvorhänge. Leinen wird aus den Fasern der Flachspflanze (*Linum usitatissimum*) hergestellt. Kleidungsstücke daraus halten ihren Träger bei heißem Wetter kühl und frisch. Der Pharao übertrug Joseph die Verwaltung über das Land und „[d]ann gab er ihm kostbare Kleidung aus Leinen" (Gen 41,42); der Palast von Xerxes, der 486-465 v. Chr. in Persien regierte, hatte einen Garten mit „Vorhänge[n] aus wertvollen Baumwollstoffen und Leinen" (Est 1,6); alle vier Evangelisten beschreiben Jesu Körper, wie er in Leinen gewickelt wurde; und der Stoff stand so hoch im Kurs, dass Johannes schreibt: „Das Leinen ist ein Bild für die gerechten Taten der Menschen, die zu Gott gehören." (Offb 19,9) Ägyptische Mumien waren in Leinen gewickelt und bei der Ausgrabung der Schriftrollen vom Toten Meer in der ersten Hälfte des 20. Jhs. wurde in Höhle 1 Leinenstoff gefunden. Erstmals verzeichnet ist seine Herstellung in 4.000 Jahre alten ägyptischen Belegen. Die Fasern erhält man, indem man die Halme in Wasser einweicht, um sie auszulösen (das ‚Rösten'). Anschließend wird der hölzerne Kern entfernt, indem die Pflanze zwischen Walzen gebrochen wird (das ‚Schwingen'), worauf die Fasern gehechelt werden. Dann spinnt man sie in Fäden und webt sie schließlich. Ein ungewöhnliches Gesetz (Dtn 22,11) besagt: „Tragt keine Kleidung aus Mischgewebe, in der Wolle und Leinen zusammengewebt sind!" Das Gesetz gibt keinen Grund an, aber Kommentatoren denken, es könne damit zu tun haben, sicherzustellen, dass die Kleidung der Priester aus reinem Leinenstoff war.

FLACHS-
PFLANZE

Alraune ist der gemeinsame Name für mehrere Arten der Gattung *Mandragora* (Familie der Nachtschattengewächse). Bei der untenstehenden Beschreibung handelt es sich wahrscheinlich um die *Mandragora officinarum*. Die gegabelten, fleischigen Wurzeln der Pflanze ähneln dem menschlichen Unterleib und sollten bei ihrem Verzehr Frauen helfen, schwanger zu werden. Das hebräische Wort dafür lautet *doo-dak'-ee*, was wörtlich ‚Liebe hervorrufend' heißt. Die Wurzeln haben halluzinogene Wirkung und sind narkotisierend. Die Geliebte, von der wir soeben gelesen haben, ist keine solche Unschuld, wie es zuvor den Anschein hatte, wenn sie zu ihrem Geliebten sagt:

HOHESLIED
7,13-14

*In der Frühe wollen wir zum Weinberg gehen
und sehen, ob der Weinstock treibt,
ob seine kleinen Blüten aufgegangen sind und
der Granatapfelbaum schon die ersten Knospen hat.
Dort will ich dir meine Liebe schenken!*

GETREIDE, KRÄUTER UND BLUMEN

Alraune

Die Liebesäpfel verströmen ihren Duft.
Verlockende Früchte liegen vor unsrer Tür,
frische Köstlichkeiten und solche, die ich für dich,
mein Liebster, aufbewahrt habe.

Abschließend betrachten wir noch die heilige Pflanze Ysop, ein Mitglied der Familie der Lippenblütler und in Südeuropa und dem Nahen Osten heimisch. Sie wird als Gewürzkraut und Arzneimittel verwendet. In botanischen Nachschlagewerken wird unter Ysop üblicherweise die Pflanze *Hyssopus officinalis* verstanden, aber in den biblischen Geschichten über religiöse Rituale ist mit großer Wahrscheinlichkeit von einer anderen Pflanze die Rede, einem Lippenblütler mit aufrechtem Stängel und einer wolligen Blattoberfläche, die gut Flüssigkeiten speichern kann – *Origanum syriacum* oder *O. maru*. Seine erste Erwähnung ist dramatisch und gehört in die Zeit vor dem Auszug aus Ägypten:

EXODUS 12,21-23

Dann rief Mose die Sippenoberhäupter der Israeliten und befahl: „Geht los, sucht euch je nach der Größe eurer Familien eines oder mehrere Lämmer aus und schlachtet sie als Passahopfer! Fangt das Blut in einer Schale auf, taucht ein Büschel Ysop hinein und streicht das Blut an den oberen Balken und an die beiden Pfosten eurer Haustüren. Bis zum nächsten Morgen darf niemand von euch sein Haus verlassen! Wenn der Herr durchs Land geht, um die Ägypter zu töten, und das Blut an den Pfosten und Balken sieht, wird er an diesen Türen vorübergehen; er wird dem Todesengel nicht erlauben, in eure Häuser einzudringen und euch zu töten …"

Später wurde ein Gesetz erlassen, das besagte, dass ein Mensch, der an einer Infektionskrankheit gelitten hatte, gereinigt werden konnte, indem man ihn mit Blut von der Spitze eines Ysop-Zweigleins besprengte (Lev 14,1-9). Der Verfasser des *Briefs an die Hebräer* erinnert seine Leser an diesen Gebrauch des Ysops, wenn er über das Blut Christi schreibt und erklärt:

HEBRÄER 9,22

Nach den Bestimmungen des alten Bundes wird fast alles mit Blut gereinigt. Denn ohne Blut ist eine Vergebung der Schuld nicht möglich.

Heute feiern Christen dies im Sakrament der Heiligen Kommunion, der Eucharistie, wenn sie das Brot essen und den Wein trinken, Leib und Blut Christi, in Erinnerung daran, dass er die Sünden der Welt auf sich genommen hat (1 Kor 11,23-26).

YSOP

GETREIDE, KRÄUTER UND BLUMEN

KAPITEL IV

SÄUGETIERE

Es gibt in der Bibel zahlreiche Bezugnahmen auf wildlebende und domestizierte Säugetiere. Oftmals werden sie nicht nur um ihrer selbst willen angeführt, sondern auch, um die Beziehung Gottes zu seinem auserwählten Volk zu illustrieren.

Wildtiere bevölkerten die Region schon lange vor dem Menschen, also beginnen wir mit ihnen. Den Anfang macht ein wahres Symbol für Herrschaftsgewalt, Stärke, Brutalität und Mut: der Löwe (*Panthera leo*), die zweitgrößte Raubkatze der Welt. Wilde Löwen gibt es heute nur noch im subsaharischen Afrika; außerdem eine kleine Population in Indien. Zu biblischen Zeiten waren sie in ganz Nordafrika und im Nahen Osten weit verbreitet und wurden von den Römern in Menagerien gehalten. Im Mittelalter gehörte eine Unterart, der Berberlöwe, zur Menagerie im Tower of London und diente als Modell für die Löwenskulpturen auf dem Londoner Trafalgar Square.

Die erste Erwähnung eines Löwen in der Heiligen Schrift findet sich an jener Stelle, als Jakob mit all seinen Söhnen wiedervereint wird und sie einen nach dem anderen segnet:

> GENESIS 49,1.8–9
>
> „Kommt an mein Bett", forderte er sie auf,
> „ihr sollt wissen, was die Zukunft für euch
> bereithält … Juda, dich loben deine Brüder!
> Du bezwingst deine Feinde und wirst
> von allen Söhnen deines Vaters verehrt.
> Mein Sohn, du bist wie ein junger Löwe,
> der gerade seine Beute gerissen hat.
> Majestätisch legt er sich daneben.
> Wer würde es wagen, ihn zu stören? …"

Juda und Joseph empfingen die längsten Segnungen, ihre Stämme wurden ja auch führend in Süd- bzw. Nordisrael. Juda war der vierte Sohn Jakobs, aber seine drei älteren Geschwister hatten ihr Recht

LÖWENBABYS

PFLANZEN UND TIERE IM HEILIGEN LAND

auf eine Führungsrolle verloren, also war Juda der Nächste in der Reihe und sein Name wurde in der Zeit des geteilten Königreichs, etwa zwischen 900-600 v. Chr., zu dem ganz Südisraels. Der Löwe Judas steht auch heute noch manchmal für Israel.

Der Löwe Judas ist eng mit der äthiopischen Geschichte verbunden. Ein Dokument aus dem 13. Jh. macht geltend, das äthiopische Königshaus gehe auf einen Besuch der Königin von Saba bei König Salomo in Jerusalem zurück. Aus der Verbindung mit ihm soll der Begründer der salomonischen Dynastie, Menelik I., hervorgegangen sein. Da Salomo aus dem Stamm Juda war, kam es seinem Sohn Menelik I. zu, die Linie fortzusetzen. Diese verlief der äthiopischen Geschichtsschreibung zufolge direkt und ununterbrochen, bis der Regent Haile Selassie (vorgeblich der 225. König nach König Salomo) 1974 abgesetzt wurde. Wie der Löwe als Symbol der Herrschaftsgewalt benutzt wurde, zeigt sich eindrücklich in der Beschreibung von Salomos Thron zur Zeit des besagten Besuchs:

> 1 KÖNIGE 10,18-20
>
> *Außerdem ließ er sich einen großen Königsthron anfertigen, der mit Elfenbeinornamenten verziert und mit reinem Gold überzogen war. Der Thronsessel hatte eine Rückenlehne, die oben rund war, und neben jeder Armlehne stand eine Löwenfigur.*

LÖWE UND LÖWIN

SÄUGETIERE | 73

Auch auf allen sechs Stufen, die zum Sessel hinaufführten, stand rechts und links jeweils ein Löwe. In keinem anderen Land hat sich jemals ein König einen so prunkvollen Thron anfertigen lassen.

Salomo wollte seine Besucher nicht im Unklaren darüber lassen, was für ein glanzvoller König er war. Was für ein Unterschied zu der Art, wie Jesus seine Jünger zu leben lehrte! Sie sollten sich nicht sorgen, was sie zu essen und anzuziehen hatten:

LUKAS 12,27-28

Seht euch an, wie die Lilien blühen! Sie mühen sich nicht ab und können weder spinnen noch weben. Ich sage euch, selbst König Salomo war in seiner ganzen Herrlichkeit nicht so prächtig gekleidet wie eine von ihnen. Wenn Gott sogar die Blumen so schön wachsen lässt, die heute auf der Wiese stehen, morgen aber schon verbrannt werden, wird er sich nicht erst recht um euch kümmern? Vertraut ihr Gott so wenig?

Salomo regierte 40 Jahre, von 970 bis 930 v. Chr. Nach seinem Tod zerfielen Glanz und Ruhm seiner Herrschaft und das Königreich wurde zweigeteilt: Israel im Norden und Juda im Süden. Zwischen den beiden Reichen herrschte Feindschaft, und auch mit benachbarten Ländern gab es Konflikte, bis Juda 722 v. Chr. an die Assyrer fiel.

Es ist interessant, dass sich von den etwa 140 biblischen Bezügen auf den Löwen nur acht im NT finden, und davon wiederum die Hälfte im Buch der Offenbarung. Die Israeliten beschrieben Gott in den frühen Tagen der Niederschrift der Bibel immer wieder als einen mächtigen Gott, während Jesus und die Autoren des NT ihn als Gott der Liebe darstellten, so dass es nicht verwunderlich ist, wenn die Löwen in den Hintergrund traten.

Angesichts der häufigen Erwähnung von Löwengebrüll wird deutlich, dass dieses Geräusch in alttestamentarischen Zeiten vielen Menschen vertraut gewesen sein muss. Beschreibungen lesen sich etwa so:

PSALMEN 104,21

Die jungen Löwen brüllen nach Beute …

SPRÜCHE 20,2

Vor einem König nimmt man sich in Acht wie vor einem brüllenden Löwen.

JESAJA 5,29

Beim Angriff brüllen die Männer wie hungrige Löwen, die ihre Beute packen und knurrend wegschleppen.

1 PETRUS 5,8 *Denn der Teufel, euer Todfeind, läuft wie ein brüllender Löwe um euch herum. Er wartet nur darauf, dass er einen von euch verschlingen kann.*

OFFENBARUNG 10,3 *Wie Löwengebrüll [dröhnte die Stimme des mächtigen Engels]*

In der Antike durch Palästina zu reisen, war aufgrund der dort anzutreffenden wilden Tiere ein gefährliches Unterfangen. Jesaja spricht mehrfach von der Gefahr, von Löwen angegriffen zu werden. In einem hoffnungsfrohen Kommentar sagt er jedoch auch, Gott werde die Gläubigen in ein glorreiches, sicheres Land führen:

JESAJA 35,8-10 *Eine Straße wird es dort geben, die man die „Heilige Straße" nennt. Kein unreiner Mensch wird sie betreten und kein Gottloser seinen Fuß darauf setzen, denn sie ist nur für Gottes Volk bestimmt. Kein Löwe liegt am Wegrand auf der Lauer, auch andere Raubtiere gibt es dort nicht. Nur die erlösten Menschen gehen auf dieser Straße. Alle, die der Herr befreit hat, werden jubelnd aus der Gefangenschaft zum Berg Zion zurückkehren.*

Bestimmte Straßen, etwa jene zwischen den Tempeln, wurden mit besonderem Augenmerk auf Sicherheit gebaut. Allerdings waren sie nur für jene bestimmt, die zeremoniell rein waren. Als Jesus Jahrhunderte später Thomas und den Jüngern erklärte, er sei der Weg, eröffnete er den Weg für alle. Wer Christus kennt, kennt den Weg, um Gottvater zu begegnen; ein künstlicher, eigens angelegter Weg ist dazu nicht vonnöten.

Der Prophet Micha, ein Zeitgenosse Jesajas, schrieb in der 2. Hälfte des 8. Jhs. v. Chr. in folgenden ermutigenden Worten den Israeliten die Stärke eines Löwen zu:

MICHA 5,6-8 *Die Nachkommen von Jakob, die überlebt haben und inmitten der anderen Völker wohnen, sind … für die Völker aber auch wie der Löwe unter den Tieren des Waldes … Ja, Israel, hol zum Schlag aus gegen deine Feinde, sie sollen allesamt vernichtet werden!*

Hezekiel auf der anderen Seite schrieb in seinen Prophezeiungen aus den späten 500er Jahren v. Chr. unter Verwendung desselben Symbols eine lange, detailreiche Klage, welche die Könige als gewalttätig porträtierte:

HESEKIEL 19,2-9

Was für eine majestätische Löwin war deine Mutter! Sie hatte ihr Lager bei kräftigen Löwen und zog dort ihre Jungen auf. Um einen jungen Löwen kümmerte sie sich besonders; er wurde stark und lernte, auf Raubzüge zu gehen und sogar Menschen zu fressen. Ganze Völker erklärten ihm den Krieg, als sie davon hörten; sie fingen ihn in einer Grube und zerrten ihn an Haken bis nach Ägypten. Die Löwin sah, dass die Hoffnung, die sie auf ihn gesetzt hatte, umsonst war, und so zog sie ein anderes ihrer Jungen auf. Der junge Löwe wuchs inmitten des Rudels heran; auch er wurde stark und lernte, auf Raubzüge zu gehen und sogar Menschen zu fressen. Er machte sich über die Festungen her und legte ganze Städte in Trümmer; die Bewohner des Landes erstarrten vor Schreck, wenn sein Gebrüll ertönte. Da versammelten sich die Völker aus den Provinzen ringsum, um gegen ihn zu kämpfen. Sie fingen ihn in einer Grube und warfen ihr Fangnetz über ihn. An Haken zerrten sie ihn in einen Käfig und brachten ihn zum König von Babylonien. Dort hielt man ihn gefangen, denn seine Stimme sollte nicht mehr auf den Bergen Israels zu hören sein.

Die Könige können namentlich benannt werden, weil Hezekiel seine Geschichte genauer datiert als jeder andere Autor des AT – der erste Löwe war Joahas, ein blutdürstiger Tyrann, der nächste Jojahin oder Zedekia, die beide nach dem Fall von Jerusalem (586 v. Chr.) in babylonische Gefangenschaft gerieten.

Die vielleicht bekannteste biblische Geschichte über Löwen ist die Erzählung von Daniel in der Löwengrube. Darius (bzw. Dareios), König von Persien, ernannte zur Verwaltung seines Königreichs 120 Statthalter und unterstellte diese drei Aufsehern. Daniel war einer davon und es dauerte nicht lange, bis er wegen seiner außergewöhnlichen Führungsqualitäten den Neid seiner Kollegen erweckte. So brachten diese den König dazu, Daniel verhaften zu lassen, weil er offen zu Gott gebetet und den König nicht geehrt habe. Darius sah sich an sein eigenes Gesetz gebunden und Daniel wurde in die Löwengrube geworfen:

DANIEL 6,20-23

Im Morgengrauen stand er auf und lief schnell zur Löwengrube. Schon von weitem rief er ängstlich: „Daniel, du Diener des lebendigen Gottes! Hat dein

Gott, dem du unaufhörlich dienst, dich vor den Löwen retten können?" Da hörte er Daniel antworten: „Lang lebe der König! Mein Gott hat seinen Engel gesandt. Er hat den Rachen der Löwen verschlossen, darum konnten sie mir nichts anhaben. Denn Gott weiß, dass ich unschuldig bin, und auch dir gegenüber, mein König, habe ich kein Unrecht begangen." Darius war glücklich und erleichtert. Sofort befahl er, Daniel aus der Löwengrube zu holen. Man fand nicht die geringste Verletzung an ihm, denn er hatte auf seinen Gott vertraut.

Der König ließ die Männer hinrichten, die Daniel fälschlich beschuldigt hatten. Während der Herrschaftszeit von Darius und Kyros lebte Daniel dann in Wohlstand. Im ersten Jahr der Herrschaft des babylonischen Königs Belsazar (550 v. Chr.) hatte er einen seltsamen Traum – eine Vision von vier wilden Tieren. Vom ersten, dem Löwen, haben wir gerade gelesen; er wird später als das Königreich Babylon interpretiert.

SYRISCHER BRAUNEÄR

SÄUGETIERE

Bär mit Jungtieren

78 | PFLANZEN UND TIERE IM HEILIGEN LAND

> *Das zweite Tier sah aus wie ein Bär und hatte sich mit einer Seite aufgerichtet. Zwischen den Zähnen hielt es drei Rippenknochen fest. Man rief ihm zu: „Los, steh auf und friss viel Fleisch!" Dann sah ich das nächste Tier erscheinen. Es glich einem Leoparden ... Ihm wurde große Macht gegeben. Zuletzt sah ich in der Vision ein viertes Tier. Sein Anblick war grauenerregend, und es strotzte vor Kraft.*
>
> — DANIEL 7,5-7

Es wird weithin angenommen, Daniel habe die Macht der Meder und Perser (Bär), der Griechen (Leopard) und der Römer (das grauenerregende wilde Tier) vorhergesagt. Verglichen mit dem Löwen gibt es in der Bibel wenige Bezugnahmen auf den Bären, sie sind aber umso verblüffender. Der Bär war so wohlbekannt, dass es den Ausspruch gibt: „Lieber einer Bärin begegnen, der man die Jungen geraubt hat, als einem Dummen, der nur Unsinn im Kopf hat!" (Spr 17,12) Die Rede ist hier vom Syrischen Braunbären (*Ursus syriacus*), der von manchen als Unterart des europäischen und asiatischen Braunbären (*Ursus arctos*) angesehen wird. Aufgrund der Jagd und der Zerstörung seines Habitats ist der ursprünglich im Land der Bibel ansässige Bär in Israel, im Libanon und in Syrien heute ausgestorben. In einer Geschichte lesen wir:

> *Von Jericho ging Elisa wieder nach Bethel. Als er zur Stadt hinaufwanderte, lief ihm eine Horde Jungen entgegen. Sie machten sich über ihn lustig und riefen im Chor: „Hau ab, Glatzkopf! Hau ab, Glatzkopf!" Elisa blieb stehen, sah sie an und verfluchte sie im Namen des Herrn. Da kamen zwei Bärinnen aus dem Wald heraus, fielen über die Jungen her und zerrissen zweiundvierzig von ihnen.*
>
> — 2 KÖNIGE 2,23-24

Kahlköpfigkeit war unter jüdischen Männern nicht weit verbreitet und eine üppige Haarpracht galt als Zeichen der Stärke. Indem sie Elisa beleidigten, brachten die Jugendlichen die Verachtung der Stadt für Gottes Boten zum Ausdruck, der den König von Samaria auf einen gottesfürchtigen Weg zurückbringen wollte. Bären können sehr gefährlich sein, besonders weibliche Tiere, wenn sie Junge haben. Elisa wollte nicht etwa zum Ausdruck bringen, dass diese Bären jeden in Israel angreifen würden, aber sie standen für die Botschaft, dass die ganze Nation zu leiden haben würde, wenn sie weiterhin Gottes Gebot missachtete. Im Sommer leben die Bären in den Bergen und ernähren sich hauptsächlich von Wurzeln und anderer pflanzlicher Nahrung. Im Winter kommen sie in die Täler herab und räubern zum Teil in Gärten, es ist also wahrscheinlich, dass sich die Geschichte im Winter abgespielt hat.

SÄUGETIERE

Das astronomische Wissen der Israeliten war begrenzt, aber sie hatten große Ehrfurcht vor den Sternbildern. Wir wissen dies von Hiob, der zu seinem ungeduldigen Besucher Bildad sagt:

> HIOB 9,7-9
>
> *Er spricht nur ein Wort – schon verfinstert sich die Sonne, die Sterne dürfen nicht mehr leuchten. Er allein hat den Himmel ausgebreitet, ist über die Wogen der Meere geschritten. Den Großen Wagen hat er geschaffen, den Orion, das Siebengestirn und auch die Sternbilder des Südens.*

Der Große Wagen war in der römischen Mythologie wohlbekannt, die Juden nannten ihn den ‚Bären' und auch heute noch sagen wir ‚Großer Bär' und wissen um seine Bedeutung: Er leitet den Betrachter zum Polarstern und weist Reisenden den Weg nach Norden.

Das andere Tier aus Daniels Vision ist in verschiedenen Übersetzungen gut dokumentiert. Es handelt sich um den Leoparden (*Panthera pardus*), eine der sogenannten ‚fünf Großkatzen' neben Löwe, Tiger, Schneeleopard und Jaguar. Er findet sich in ganz Afrika und vom Nahen Osten bis Sibirien. Es gibt in der Bibel lediglich acht Bezugnahmen, sieben davon im AT. Man kann sich vorstellen, dass er wohlbekannt war, wenn man liest:

> JEREMIA 13,23
>
> *Sag mir: Kann ein dunkelhäutiger Mensch etwa seine Hautfarbe wechseln oder ein Leopard sein geflecktes Fell? Genauso wenig kannst du Gutes tun, die du ans Böse gewöhnt bist!*

LEOPARD

Dem Propheten war das wundervoll gefleckte Fell des Leoparden geläufig und er erwartete dies auch von seinen Lesern, so dass seine Botschaft an den sündigen König Israels und dessen Volk verstanden würde. Er hatte noch eine weitere Warnung parat:

> JEREMIA 5,6
>
> *Darum werden die Feinde kommen und sie zerreißen wie Löwen, die plötzlich aus dem Dickicht springen, wie Steppenwölfe werden sie über sie herfallen und wie Leoparden draußen vor der Stadt lauern. Wer hinausgeht, wird zerfleischt.*

Ganz offensichtlich beschreibt der Prophet die Taktik eines Leoparden auf der Pirsch. Trotz der Gefahr, die diese Tiere für den Menschen bedeuteten, sehnte der Prophet Jesaja eine Zeit herbei, in der Israel durch den Messias, einen Retter aus dem Hause Davids, befreit würde:

> JESAJA 11,6-7
>
> *Dann werden Wolf und Lamm friedlich beieinanderwohnen, der Leopard wird beim Ziegenböckchen liegen. Kälber, Rinder und junge Löwen weiden zusammen, ein kleiner Junge kann sie hüten. Kuh und Bär teilen die gleiche Weide, und ihre Jungen liegen beieinander. Der Löwe frisst Heu wie ein Rind.*

Jahrhunderte später scheint dies noch immer ein unmögliches Bild zu sein. Aber Jesaja wollte, dass die Menschen damals glaubten, der Messias würde diese Art von Frieden bringen. Heutige Christen glauben, dass Jesus dieser Friedensbringer ist und von uns erwartet, ihm darin nachzufolgen: „Glücklich sind, die Frieden stiften, denn Gott wird sie seine Kinder nennen." (Mt 5,9) In der Vision des Johannes in der Offenbarung ist die Rede von einem wilden Tier, das dem Meer entsteigt, was viele heutige Kommentatoren so verstehen, dass er sich insgeheim auf das Römische Reich bezog. Dieses wilde Tier vereint drei der Eigenschaften der wilden Tiere in Daniels Vision (Dan 7):

> OFFENBARUNG 13,2
>
> *Das Tier sah aus wie ein Leopard, aber es hatte die Tatzen eines Bären und den Rachen eines Löwen. Der Drache gab ihm seine ganze Macht, setzte es auf den Herrscherthron und übertrug ihm alle Befehlsgewalt.*

Die Leser des Johannes in jenen frühen Tagen der christlichen Kirche dürften kaum daran gezweifelt haben, in welch gefährlichen Zeiten sie lebten. Heute ist der Leopard in Israel vom Aussterben bedroht, mit einer Populationsgröße im einstelligen Bereich in der judäischen Wüste und dem Negev.

Genau wie in alttestamentarischen Zeiten lösen Wölfe auch heute immer noch emotionale Reaktionen aus. Versuche, sie in Teilen Nordamerikas und Europas wieder anzusiedeln, begegnen

SÄUGETIERE

erbittertem Widerstand durch Bauern, die den Wolf genauso wahrnehmen wie ihre palästinensischen Vorväter. Jesaja sprach vom Wolf, und aus dieser und anderen Erwähnungen im Alten wie im Neuen Testament wird deutlich, dass der Wolf (Canis lupus) gemeint sein muss, das größte Mitglied der Familie der Hunde. Wölfe sind über die gesamte nördliche Hemisphäre verbreitet und lassen sich in viele Unterarten gliedern, die sich in Größe, Farbe und Verhalten geringfügig unterscheiden. Der Arabische Wolf (Canis lupus arabs) kommt noch immer in Südpalästina vor. Es ist eine kleine, an das Leben in der Wüste angepasste Unterart, die nur etwa ein Viertel so viel wiegt wie der eurasische Wolf. Der Wolf war einmal das am weitesten verbreitete Säugetier der Welt, lebt nunmehr aber nur noch in gerade einmal zwei Dritteln seines früheren Verbreitungsgebiets.

Auch ihm begegnen wir zum ersten Mal in Jakobs Segnungen, wo der Vergleich mit dem Tier mehr einen Fluch denn einen Segen zu implizieren scheint:

GENESIS 49,27

Benjamin gleicht einem reißenden Wolf, der morgens seine Feinde verschlingt und abends seine Beute teilt.

Man kann nur darüber spekulieren, was Benjamin über die Worte seines Vaters gedacht haben mag; lassen wir es dabei bewenden, dass manche von Benjamins Nachkommen überaus wild und grausam

WÖLFE BEIM ANGRIFF AUF EINEN WILDOCHSEN

waren (Rich 19-21). Die Grimmigkeit des Wolfs wird auch Jahrhunderte später von Jesus angeführt, als er in seinen früher Predigten sagt:

> **MATTHÄUS 7,15**
> *Nehmt euch in Acht vor denen, die in Gottes Namen auftreten und falsche Lehren verbreiten! Sie kommen zu euch, getarnt als Schafe, aber in Wirklichkeit sind sie reißende Wölfe.*

Sowohl im Evangelium nach Matthäus als auch in dem nach Lukas heißt es von Jesus, er habe seinen Jüngern, als er sie aussandte, um zu predigen und zu heilen, gesagt:

> **MATTHÄUS 10,16**
> *Denkt daran: Ich schicke euch wie Schafe mitten unter die Wölfe. Seid klug wie Schlangen, und doch frei von Hinterlist wie Tauben.*

Jesus war sich durchaus bewusst, dass viele Juden, insbesondere solche in verantwortungsvollen Positionen, die Botschaft der Jünger verunglimpfen und diesen sogar schaden würden. Die Grausamkeit und Gier des Wolfs wurden in biblischen Zeiten so sehr verachtet, dass schlechte Regierungsbeamte (Hes 22) und Richter (Zef 3) als wolfsgleich beschrieben werden.

Das hebräische Wort für ‚Wolf' ist ‚ze'ebh' und das Wort wird sogar als menschlicher Eigenname verwendet. Einer der Midianiter, die von Gideon besiegt wurden (Rich 4), hieß Zeeb, eine Tatsache, an die in Psalm 83 erinnert wird, und die Ältesten von Jerusalem werden beschrieben als „hungrige[…] Wölfe[…], die von ihrem Raub nichts bis zum nächsten Morgen übrig lassen" (Zef 3). Sicherlich strichen Wölfe nachts um Schafställe herum. Jeremia spricht von ihrem nächtlichen Jagen, aber in den meisten Übersetzungen ist daraus die Bezeichnung ‚Steppenwolf' bzw. ‚Wolf aus der Steppe' geworden. Die Unerbittlichkeit des Wolfs macht einen zuverlässigen Schutz der Herde durch den Hirten notwendig, wie wir später noch sehen werden.

Wölfe waren in jenen Tagen offensichtlich eine sehr reale Gefahr für Herden und somit ein vertrautes Symbol, das von Predigern und Propheten zur Verbildlichung einer schlechten Lebensführung verwendet wurde, um die Menschen zu Gottesfurcht anzuhalten.

Außer den genannten werden in der Bibel nur ein, zwei weitere räuberische Säugetiere erwähnt. Ein Gesetzeslehrer, vielleicht ein Schreiber oder ein Pharisäer, kam eines Tages zu Jesus und sagte:

> **MATTHÄUS 8,19-20**
> *„Lehrer, ich will mit dir gehen, ganz gleich wohin." Jesus antwortete ihm: „Die Füchse haben ihren Bau und die Vögel ihre Nester; aber der Menschensohn hat keinen Platz, an dem er sich ausruhen kann."*

Auf Jesu rätselhafte Antwort erfolgte, soweit wir wissen, keine weitere Replik seines Gegenübers. Der Mann begriff vermutlich sehr schnell, dass der Preis dafür, Jesus zu folgen, hoch sein würde; er

SÄUGETIERE | 83

musste zu einem entbehrungsreichen Leben bereit sein. Die übrigen Bezugnahmen auf Füchse finden sich alle im AT, wobei stets das hebräische Wort ‚shu'al' gebraucht wird, das auch ‚Schakal' bedeutet. Ist es ein Fuchs oder ein Schakal, von dem der Liebhaber singt?

> HOHESLIED 2,15 *Fangt uns doch die kleinen Füchse, denn sie verwüsten den Weinberg, wenn die Reben in schönster Blüte stehn.*

Beim Syrischen Fuchs (oder Schakal) handelt es sich höchstwahrscheinlich um eine Unterart des Goldschakals (*Canis aureus syriacus*), der in der östlichen Mittelmeerregion bis hin nach Tripolis heimisch ist. Er lebt in einer Erdhöhle, was Jesu Beschreibung entspricht, und richtet, wie der Liebhaber behauptet, in Weinbergen Schaden an, weil er sehr auf reife Weintrauben erpicht ist.

Die Hyäne, ein weiteres Raubtier, wird von Jesaja in seiner Prophezeiung der Zerstörung Babylons erwähnt:

> JESAJA 13,22 *In den einst so prunkvollen Hallen der Paläste hört man nur noch das Geheul der Hyänen und Schakale.*

Dies ist eine der seltenen Erwähnungen eines Tiers, bei dem es sich wohl um die Streifenhyäne (*Hyaena hyaena*) handelt, die überall in Nordafrika, im Nahen Osten, Arabien und Indien zu finden ist. Jesaja erwähnt sie erneut, als er den Niedergang von Israels Feinden, den Edomitern, beschreibt:

> JESAJA 34,13-14 *An den Mauern der Paläste ranken Dornen empor, Nesseln und Disteln überwuchern die alten Festungen. Schakale wohnen in den Ruinen, und Strauße siedeln sich an. Hyänen und andere Wüstentiere hausen dort …*

Nur die Einheitsübersetzung und *Hoffnung für Alle* (HFA) sprechen hier von ‚Hyänen' und nicht von ‚wilden Hunden'. Hyänen sind in erster Linie Aasfresser und jagen hauptsächlich nachts. Allein schon ihre Ernährungsgewohnheiten mussten sie für die Israeliten zu verachtenswerten Kreaturen machen, und so handelt es sich um das ideale Tier für Beschreibungen von Zerstörung und Tod.

Füchse wiederum versinnbildlichen etwas ganz anderes, etwa in Jesu Erwiderung an die Pharisäer:

> LUKAS 13,31-32 *Kurze Zeit später kamen einige Pharisäer zu Jesus. Sie warnten ihn: „Sieh zu, dass du schnell von hier fortkommst. König Herodes will dich töten lassen!" Jesus antwortete: „Sagt diesem Fuchs: ‚Heute und morgen treibe ich Dämonen aus und heile Kranke. Aber am dritten Tag werde ich mein Ziel erreicht haben.' …"*

Streifenhyäne

Der Fuchs hatte damals ganz offenbar den Ruf, listig zu sein – genauso wie heute. Hier eine weitere Stelle, doch mit anderer Akzentsetzung:

> **HESEKIEL 13,3-4**
>
> *Wehe euch, ihr törichten Propheten, die ihr euren eigenen Eingebungen folgt und von Visionen redet, die ihr gar nicht gesehen habt! Ihr führt euch auf wie Füchse, die in Israels Ruinen herumstreunen!*

Bei den Füchsen in Palästina handelt es sich entweder um eine Unterart des uns bekannten Rotfuchses (*Vulpes vulpes*) oder um den Syrischen Fuchs (*V. thaleb*). Das hebräische Wort ‚shu'al' wird für beide verwendet. Die göttliche Botschaft besagt, dass Menschen und Länder, die sich auf der Lebensreise nicht von Gott lenken lassen, unweigerlich Gottes Zorn anheimfallen, seien sie nun listig oder aber töricht.

So weit zu den Raubtieren. Was ist mit dem Menschen? Welche Tiere mag er wohl gejagt haben? Eine ausführliche Beantwortung dieser Frage findet sich in der Liste der Nahrungsmittel, deren Verzehr Gott den Israeliten erlaubte, der sogenannten ‚reinen Nahrung' – was impliziert, dass auch sie Jäger waren, weil mehrere der dort angeführten Arten Wild- und keine Hoftiere sind. Die Menschheit ist ebenso sehr Teil der Naturgeschichte der biblischen Lande wie die wilden Tiere. Die weiter oben beschriebenen Löwen und Wölfe rissen eine Vielzahl von Arten. Die Tiere, die der Mensch jagte, finden sich in der folgenden Liste:

ROTFUCHS

PFLANZEN UND TIERE IM HEILIGEN LAND

> **DEUTERO-NOMIUM 14,4-5** *Essen dürft ihr Rinder, Schafe, Ziegen, Hirsche, Gazellen, Rehe, Steinböcke, Antilopen, Wildschafe und Gämsen.*

Auch wenn die Kommentare einräumen, dass manche der Tiere und Vögel in den Listen reiner und unreiner Nahrungsmittel in Deuteronomium und Levitikus nicht zweifelsfrei zu identifizieren sind, sind sich die verschiedenen Übersetzungen weitgehend darüber einig, welche Tiere zu den sogenannten ‚reinen Tieren' gehören. Dies sind die Tiere, von denen ein Jude heute sagen würde, dass sie ‚koscher' sind. Gemäß den Gesetzen der Tora ist die einzige erlaubte Art von Fleisch das von Zucht- und Wildtieren, die ‚gespaltene Hufe' haben und ‚wiederkäuen'. Erfüllt ein Tier nur eine dieser Bedingungen (z. B. das Schwein, das gespaltene Hufe hat, aber das Futter nicht wiederkäut, oder das Kamel, das ein Wiederkäuer ist, aber keine gespaltenen Hufe hat), darf sein Fleisch nicht verzehrt werden. Nach den Gesetzen der Tora muss ein koscheres Tier vor dem Verzehr rituell geschlachtet werden. Da das jüdische Gesetz es verbietet, Tieren Schmerzen zuzufügen, muss die Schlachtung so ausgeführt werden, dass das Tier sofort bewusstlos wird und der Tod beinahe ebenso schnell eintritt.

Tierherden wurden oft dazu herangezogen, den Wohlstand der Patriarchen und frühen biblischen Helden anzuzeigen. Oft ist es nicht ganz einfach zu interpretieren, welche Tiere nun genau gemeint sind. Im AT findet sich hier häufig das Wort ‚eleph'. Daraus wird in unseren Übersetzungen mitunter ‚Vieh', das als Oberbegriff oftmals Schafe, Ziegen, Ochsen und Esel inkludiert. Tatsächlich gibt es eine ganze Reihe unterschiedlicher hebräischer Wörter im AT, die an der einen oder anderen Stelle mit ‚Vieh' übersetzt werden. In der *Hoffnung für Alle* hingegen wird die Beschreibung ausgedeutet als ‚Schafe und Ziegen'. Die beiden Tiere zusammengenommen geben eine sehr sinnvolle Übersetzung ab, denn als die Israeliten sich 40 Jahre lang in der Wüste befanden, waren sie von ihren aus diesen beiden Tieren bestehenden Herden abhängig, was Nahrung und Kleidung anging. Dieser grundlegende, für das Überleben so wichtige Besitz wird hier treffend beschrieben:

> **SPRÜCHE 27,25-27** *Mähe die Wiesen, damit frisches Gras nachwachsen kann, und hole das Heu von den Bergen! Aus der Wolle der Schafe kannst du Kleider anfertigen, und von dem Geld, das du für die Ziegenböcke bekommst, neues Land kaufen. Die Ziegen geben Milch für dich und deine Familie und für alle deine Mägde.*

Das Hebräische kennt zwar ein Wort für frische Milch, doch wurde diese sauer, sobald sie in eine Flasche aus Ziegenleder abgefüllt wurde. Ziegen- und Schafsmilch wurden daher auch zur Herstellung von Käse und Butter verwendet, was im AT an zwei verschiedenen Stellen dokumentiert ist. „[W]enn man Milch schlägt" (Spr 30,33), um Butter zu produzieren, so war dies eine vernünftige Sache, und als die Israeliten gegen die Philister kämpften, sagte Isai zu seinem Sohn David:

Steinbock

1 SAMUEL 17,18

Ihrem Hauptmann kannst du diese zehn Stücke Käse geben. Erkundige dich, wie es ihnen geht, und bring mir ein Lebenszeichen von ihnen.

Damit Isai über einen so beträchtlichen Vorrat an Käse verfügen konnte, mussten die Frauen, die für diese Arbeit zuständig waren, sehr umtriebig gewesen sein. Die Käseherstellung begann üblicherweise im Mai und Ziegenkäse galt als der beste Käse.

Jesus sprach in einem scheinbar sehr rätselhaften Bild über Gottes letztes Gericht:

MATTHÄUS 25,31-33

Wenn der Menschensohn in seiner ganzen Herrlichkeit kommt, begleitet von allen Engeln, dann wird er auf seinem Königsthron sitzen. Alle Völker werden vor ihm versammelt werden, und er wird die Menschen in zwei Gruppen teilen, so wie ein Hirte die Schafe von den Ziegen trennt. Die Schafe stellt er rechts von sich auf und die Ziegen links.

In vielen Kulturen wurde die Linke mit Unglück, Katastrophen, ja gar dem Bösen assoziiert. Vom lateinischen Wort *sinistra* (,links') leitet sich auch unser ,sinister' ab. Ziegen waren weniger wertvoll als Schafe, also war es für Jesus natürlich, sie links aufzustellen. Jesus setzte keineswegs den Wert von Ziegen herab, sondern gebrauchte sie einfach, um die Art zu illustrieren, wie Gott am Tag des Gerichts die guten von den schlechten Menschen absondern würde.

Ungeachtet des geringeren Werts der Ziege war das Tier ein wichtiger Bestandteil ritueller Opferungen. Ein Mann, der eine unbeabsichtigte Sünde begangen hatte (also ein Gottesgebot überschritten hatte), konnte dies wiedergutmachen, indem er als Brandopfer „eine fehlerlose Ziege" (Lev 4,28) darbot.

Neben Ziegenherden werden in der Bibel mehrmals auch wildlebende Ziegen erwähnt. Z. B. floh der junge David vor dem Zorn König Sauls und verbarg sich zwischen den Steinbockfelsen (1 Sam 24,2) und Gott fragte Hiob, ob er wisse, wann die Gämsen bzw. Bergziegen ihre Jungen bekommen (Hiob 39,1). Gemeint ist vermutlich der Gemeine Steinbock.

Die Hausziege (*Capra hircus*) stammt von der Wildziege (*C. aegagrus*) ab. Vor etwa 10.000 bis 11.000 Jahren (im Neolithikum) begannen Bauern im Nahen Osten, kleine Ziegenherden zu halten. Neben deren Milch und Fleisch nutzten sie auch den Dung, der ein guter Brennstoff war, sowie Haare, Knochen, Haut und Sehnen, die ihnen als Materialien für Kleidung und Bauarbeiten dienten. Archäologische Belege haben gezeigt, dass sich diese Domestizierung vor etwa 10.000 Jahren im Tal des Euphrat (heutige Türkei) und in den Bergen des Iran abgespielt hat.

Wissenschaftler glauben, dass Rinder vor über 10.500 Jahren domestiziert wurden, vermutlich gleichzeitig von mehreren Wildformen in verschiedenen Teilen der Welt ausgehend. Die von den Hebräern gehaltenen Kühe gingen wohl auf wilde Rinder im Fruchtbaren Halbmond zurück, die heute als Unterart des Auerochsen (*Bos primigenius*) gelten. In Europa überlebte der Auerochse in der freien Wildbahn bis Mitte der 1600er Jahre. Die Römer setzten ihn bei Stierkämpfen in der Arena ein.

Erst als sie sich in Palästina niederließen, verfügten die Israeliten über genügend Weideland, um Rinderherden aufzuziehen. Während ihrer Zeit in der Wildnis hätten viele Tiere nicht überlebt. Aber jeder Stamm hatte etwas Vieh. Ochsen spielten in der Landwirtschaft der Juden eine wesentliche Rolle. Sie pflügten das Land, wurden beim Korndreschen gebraucht und zogen Wagen. Zwar wurden Rinderherden nie so groß wie solche von Schafen und Ziegen, als aber die Menschen zusammenkamen, um das Laubhüttenfest zu feiern und die Bundeslade zum Tempel zu bringen, spielte sich Folgendes ab:

2 CHRONIK 5,6

König Salomo und die ganze Gemeinschaft der Israeliten, die zu diesem Fest gekommen waren, hatten sich bei der Bundeslade versammelt. Sie opferten so viele Schafe und Rinder, dass man sie nicht mehr zählen konnte.

Ein Beleg dafür, dass gutes Weideland benötigt wurde, findet sich in einem Psalm mit einem Lobpreis von Gottes Großzügigkeit: „Du lässt Gras wachsen für das Vieh." (Ps 104,14) Die Mehrzahl der Bauern war nicht wohlhabend und hatte vielleicht nur einen oder zwei Ochsen, nicht als Fleischlieferanten, sondern als Zugtiere. Ein Bauer musste sein Land pflügen und ein Ochse (oder zwei in einem Gespann) zog den einscharigen Pflug, der vom Pflüger gelenkt wurde. In Abhängigkeit von den Feldfrüchten, die er anbauen konnte, musste der Bauer seinen Acker mindestens zweimal im Jahr pflügen. Die normale Länge einer Furche betrug, wie Marcus Terentius Varro (116-27 v. Chr.) in seinen *Reum Rusticarum Libri Tres* (Über die Landwirtschaft) schreibt, 37 Meter. Alles, was darüber hinaus ging, war eine zu starke Belastung für die Ochsen, die am Wendepunkt ausruhen durften. Sie wurden oftmals nachts in einem Unterstand gehalten, wie der Prophet Habakuk (3,17) berichtet. Auch wurden Ochsen dazu abgerichtet, Karren zu ziehen. Eine nicht ganz einfach zu übersetzende Zeile in einem Psalm lautet in einer Version „… unsere Rinder, dass sie tragen ohne Schaden und Verlust" (Ps 144,14), und bei der Weihe der Bundeslade in der Wüste erfahren wir mehr über ihre Bedeutung für die Bauern. Von den Anführern der zwölf Stämme heißt es:

NUMERI 7,3

Sie brachten sechs Planwagen zum heiligen Zelt, die von zwölf Rindern gezogen wurden. Jedes Stammesoberhaupt schenkte ein Rind, und je zwei brachten zusammen einen Wagen.

Die Anführer, die jeweils ganz bestimmte Arbeiten zu verrichten hatten, nutzten diese Wagen gemeinschaftlich. Eine der eindrücklichsten Bezugnahmen auf Ochsen im NT ist die, wo Jesus den

Wildziege

Gästen im Hause eines Pharisäers das Gleichnis vom großen Gastmahl erzählt. Ein Mann lehnte die Einladung dazu ab, indem er sagte „Es geht leider nicht. Ich habe mir fünf Gespanne Ochsen angeschafft. Die muss ich mir jetzt genauer ansehen!" (Lk 14,19) Das gesamte Gleichnis war Jesus' Art zu betonen, dass jeder beim Fest im Reich Gottes zu essen bekommen würde, nicht nur wichtige Gäste.

Im AT findet sich ein Hinweis auf das Abrichten von Vieh, der die Geschichte stützt, indem er zeigt, dass sich der Mann tatsächlich vergewissern musste, ob die Ochsen für die Arbeit geeignet waren. Nachdem die Philister gegen die Israeliten gekämpft und die Bundeslade geraubt hatten, wurden sie von einem Ausbruch von Geschwüren heimgesucht. Die Menschen glaubten, die Bundeslade habe dies verursacht, und die Priester sagten, diese müsse zurückgegeben werden, zusammen mit einer Sühnegabe aus Gold mit Darstellungen der Geschwüre und der davon betroffenen Stellen:

> 1 SAMUEL 6,7-8
>
> *Baut nun einen Wagen und spannt zwei säugende Kühe davor, die noch nie ein Joch getragen haben. Ihre Kälber nehmt ihnen weg und bringt sie in den Stall zurück. Stellt dann die Bundeslade des Herrn auf den Wagen. Legt die goldenen Geschenke, mit denen ihr eure Sünde wiedergutmachen wollt, in ein Kästchen daneben.*

Selbstverständlich stieß dies bei den Israeliten auf große Freude.

AUEROCHSE

PFLANZEN UND TIERE IM HEILIGEN LAND

Die Landwirtschaft hat im Nahen Osten eine Geschichte von 10.000 Jahren oder mehr. Ein berühmtes Zeitdokument zur saisonalen Arbeit in jener Ära ist der Gezer-Kalender. Zur Zeit Jesu sind die dokumentarischen Belege bereits zahlreicher, so dass wir mit Sicherheit sagen können, dass Bauern weiterhin Feldfrüchte anbauten und Tiere hielten. Beschreibungen dieser Praktiken finden sich bei Varro, aber auch bei Cato d. Ä. (234-149 v. Chr.), dessen Werk *De Agri Cultura* (Über den Ackerbau) nicht weniger als 162 Kapitel über Haushaltsführung und die Verwaltung von Ländereien umfasst. Das bäuerliche Jahr war durch drei Feste eingeteilt, die mit der Ernte von Gerste, Weizen und Sommerfrüchten verbunden waren, während die Viehzucht die Menschen das ganze Jahr über beschäftigte.

In der Genesis lesen wir, dass Abel Herden hielt, die größtenteils aus Schafen und Ziegen bestanden. Man glaubt, dass Schafe zu den frühesten Tieren gehören, die um ihres Felles, ihres Fleisches und ihrer Milch willen domestiziert wurden, hauptsächlich ausgehend vom Wildschaf (*Ovis orientalis*) in Mesopotamien. Schafe waren ein so wichtiger Bestandteil des sesshaften Lebens, dass es nur natürlich ist, wenn sie in der antiken Mythologie und in der Religion der Menschen im Nahen Osten und im Mittelmeerraum vorkommen. Schreine der alten Ägypter von etwa 8000 v. Chr. enthalten Schädel von Schafböcken und der Fruchtbarkeitsgott Amun wurde in Gestalt eines Schafs dargestellt. Wenig überraschend spielten Schafe auch in der Bibel eine wichtige Rolle – so etwa im Leben von Abraham, Isaak, Jakob, Moses und König David (in dessen Kindheit), die allesamt Schafhirten waren. Es handelt sich bei diesen Schafen um sogenannte Fettschwanzschafe, eine Gruppe von Hausschaf-Rassen, die für ihre charakteristischen ausladenden Schwänze und Hinterteile bekannt sind. Fettschwanzschafe machen etwa 25 % der weltweiten Schafpopulation aus und sind in den nördlichen Teilen von Afrika, im Nahen Osten und in Asien bis hin nach China zu finden. Der früheste Beleg für diese Schafart findet sich auf Steingefäßen und Mosaiken aus dem antiken Uruk und aus Ur (ca. 2400 v. Chr.). Ein weiterer früher Hinweis findet sich in der Bibel (Lev 3,9), wo ein rituelles Opfer beschrieben wird, welches das Schwanzfett von Schafen beinhaltet.

Eine der ersten biblischen Geschichten, die von Schafen und vom Schafehüten erzählt, ist die wohlbekannte Josephsgeschichte. Jakob und seine Familie litten unter einer Hungersnot und wandten sich nach Ägypten, wo es dem Vernehmen nach noch immer Getreide gab. Sie wussten zu der Zeit nicht, dass der zweitjüngste Sohn, Joseph, der von seinen eifersüchtigen Brüdern in die Sklaverei verkauft worden war, eine führende Stellung am Hofe des Pharaos innehatte:

GENESIS 47,1-3

Wie versprochen, ging Josef zum Pharao. „Mein Vater und meine Brüder sind von Kanaan hierhergekommen", sagte er, „ihren Besitz und ihre Viehherden haben sie mitgebracht. Jetzt sind sie in Goschen." Dann holte er fünf seiner Brüder herein und stellte sie dem Pharao vor. „Welchen Beruf übt ihr aus?", fragte der Pharao. „Wir sind Hirten – wie schon unsere Vorfahren", antworteten sie.

SÄUGETIERE

Sie sagten also ohne Umschweife, welcher Beschäftigung sie nachgingen und wie lange die Familie bereits davon lebte. In der gesamten alt- und neutestamentarischen Zeit war Hirtenarbeit von größter Bedeutung und Schafhirten waren sehr geachtet – man denke nur daran, dass Schafhirten zu den ersten gehörten, die von der Geburt Christi erfuhren:

LUKAS 2,9-11

Die Hirten erschraken sehr, aber der Engel sagte: „Fürchtet euch nicht! Ich verkünde euch eine Botschaft, die das ganze Volk mit großer Freude erfüllen wird: Heute ist für euch in der Stadt, in der schon David geboren wurde, der versprochene Retter zur Welt gekommen. Es ist Christus, der Herr.

WILDSCHAF

Der Evangelist Lukas erzählt, sie hätten sich aufgemacht, um Maria und Joseph sowie das in einer Krippe liegende Christuskind zu finden. Diese Geschichte hören wir jedes Jahr zu Weihnachten und nehmen sie meist einfach so hin. Doch angesichts der Tatsache, dass die Arbeit der Hirten so wichtig und hart war, kann ich nicht umhin zu fragen: Machten sie sich alle auf den Weg? Blieb einer zurück, um die Schafe zu hüten? Oder hielten gar die Engel Wache?

Mehrmals wird darauf eingegangen, wie groß die Herden einiger Familien waren. Der besiegte Moabiter-König Mescha musste jährliche Tributzahlungen in Form von 100.000 Lämmern und der Wolle von 100.000 Widdern an den König von Israel leisten; Hiob besaß 7.000 Schafe und bei der Einweihung seines Tempels ordnete Salomo die Opferung von 22.000 Rindern und 120.000 Schafen und Ziegen an (2 Kön 3, Hiob 1, 2 Chron 7). Selbst wenn diese Zahlen übertrieben sein sollten, wird Gott in den Psalmen für seine Großzügigkeit gepriesen, indem gesagt wird, die Felder seien voller Schafe. Diese Aussage musste auf wiederholten Beobachtungen beruhen (Psalm 65). Zweifellos waren Schafe ein bedeutender Teil des Alltagslebens.

Das erstaunlichste an der Arbeitsweise eines palästinensischen Schafhirten war, dass er die Herde anführte und sie ihm folgte, anders als Schafhirten hierzulande, die ihre Herde vor sich hertreiben und sie mit Hilfe eines oder mehrerer Hunde unter Kontrolle halten. Die Schafe folgten dem Hirten, weil sie seine Stimme erkannten oder sogar den Klang der Flöte, die manche von ihnen spielten. Als David sich an den Hof von König Saul begab, wurde er als jemand vorgestellt, der Harfe spielen konnte. Ob er wohl beim Schafehüten spielte? Gott und die Anführer Israels werden symbolisch als Hirten bezeichnet, wie etwa bei den Propheten:

> JEREMIA 31,10
>
> *Ihr Völker, hört, was ich, der Herr, sage, verkündet es auf den fernsten Inseln! Ruft: ‚Gott hat die Israeliten in alle Winde zerstreut, aber nun sammelt er sie wieder und beschützt sein Volk wie ein Hirte seine Herde.'*

Gott wird sein Volk auf dieselbe Weise retten, wie ein Schafhirte seine Herde versammelt, die in verschiedene Richtungen auseinandergelaufen ist. Das Bild des Schafhirten wurde auch für warnende Worte an Anführer benutzt, die auf Abwege geraten waren:

> HESEKIEL 34,1-5.11
>
> *Wieder empfing ich eine Botschaft vom Herrn. Er forderte mich auf: „Du Mensch, richte den führenden Männern von Israel diese Worte aus! So spricht Gott, der Herr: Wehe euch, ihr Führer Israels! Ihr solltet für mein Volk wie Hirten sein, die ihre Herde auf eine gute Weide führen. Aber ihr sorgt nur für euch selbst. Die Milch der Schafe trinkt ihr, aus ihrer Wolle webt ihr euch Kleidung, und die fetten Tiere schlachtet ihr. Aber um eure Herde kümmert*

ihr euch nicht! Den schwachen Tieren helft ihr nicht, die kranken pflegt ihr nicht gesund; wenn sich ein Tier ein Bein bricht, verbindet ihr es nicht. Hat sich ein Schaf von der Herde entfernt, holt ihr es nicht zurück; und wenn eines verloren gegangen ist, macht ihr euch nicht auf die Suche. Stattdessen herrscht ihr mit Härte und Gewalt. Weil die Schafe keinen Hirten hatten, liefen sie auseinander und wurden von wilden Tieren zerrissen … Von nun an will ich mich selbst um meine Schafe kümmern und für sie sorgen.

Die Passage bietet einen detailreichen Bericht über die Arbeit eines Schafhirten und das Leben der Schafe. Er steht als Analogie dafür, wie Menschen in Machtpositionen – Könige und ihre Beamten, Propheten und Priester – und die ihnen untergebene Bevölkerung in Sicherheit und Gerechtigkeit zusammenleben sollten. Ein Schafhirte war unentbehrlich. Die Menschen sollten anerkennen, dass über ihnen allen Gott stand, der Gute Hirte. Jesaja drückt dies in aller Deutlichkeit aus:

JESAJA 40,11

Er sorgt für sein Volk wie ein guter Hirte. Die Lämmer nimmt er auf den Arm und hüllt sie schützend in seinen Umhang. Die Mutterschafe führt er behutsam ihren Weg.

SCHAFHIRTEN

Jesaja beschreibt Gott eindeutig als einen personalen, fürsorglichen Gott, nicht als weit entfernte, Befehle erteilende Figur. In Psalm 23 findet sich dazu eine Stelle, die oft bei Beerdigungen verlesen wird: „Der Herr ist mein Hirte … dein Stock und dein Stab, sie trösten mich." Dieser symbolische Gebrauch von Schafen und Schafhirten ging nahtlos in den frühen christlichen Glauben ein. Es ist daher kaum überraschend, wenn der als gläubiger Jude erzogene Jesus, der mit den Schriften und dem landwirtschaftlichen Leben seiner Zeit gut vertraut war, sich selbst als ‚guten Hirten' bezeichnet:

JOHANNES 10,14-15

Ich aber bin der gute Hirte und kenne meine Schafe,
und sie kennen mich; genauso wie mich mein Vater kennt
und ich den Vater kenne. Ich gebe mein Leben für die Schafe.

Am Abend führte der Schafhirte seine Herde in den Schafpferch. Dies war ein kreisförmiges Areal, umgeben von einer Steinmauer, zum Himmel hin offen und mit nur einem Zugang. Jesus nutzte dieses ihm wohlbekannte Symbol, um seine Aussage genauer zu erklären:

JOHANNES 10,7-9

Ich selbst bin die Tür, die zu den Schafen führt …
Wer durch mich zu meiner Herde kommt, der wird gerettet werden.

Auch im Leben von Simon Petrus spielt die Symbolik vom Hirten und seinen Schafen eine wichtige Rolle. Nach der Auferstehung waren Petrus und vier andere Jünger fischen und Jesus half ihnen dabei, einen sehr großen Fang von 153 Fischen einzubringen. Zusammen hatten sie alle eine Mahlzeit im Freien mit Brot und über dem offenen Feuer gebratenem Fisch.

JOHANNES 21,15

Nachdem sie an diesem Morgen miteinander gegessen hatten, fragte Jesus Simon: „Simon, Sohn von Johannes, liebst du mich mehr als die anderen hier?" „Ja, Herr", antwortete ihm Petrus, „du weißt, dass ich dich lieb habe." „Dann sorge für meine Lämmer", sagte Jesus.

Jesus sagt Petrus genau drei Mal, er solle ‚für seine Lämmer sorgen' – nicht zufällig, denn schließlich hatte Petrus Jesus zuvor drei Mal verleugnet. Jahre später, als Petrus Mitte der 60er Jahre n. Chr. seinen ersten Brief an die in Kleinasien verstreuten Christen schreibt, sagt er den Ältesten dieser Kirchen:

1 PETRUS 5,2-4

Hütet die Herde Gottes als gute Hirten, und das nicht nur aus Pflichtgefühl, sondern aus freien Stücken. Das erwartet Gott … Spielt euch nicht als die Herren der Gemeinde auf, sondern seid ihre Vorbilder. Dann werdet ihr den unvergänglichen Siegeskranz, das Leben in der Herrlichkeit Gottes, erhalten, wenn Christus kommt, der ja der oberste Hirte seiner Gemeinde ist.

SCHAFE

Petrus hütete Gottes Herde getreulich weiter, bis er in den späten 60er Jahren n. Chr. unter der Herrschaft von Kaiser Nero den Märtyrertod starb.

Das materielle Wohlergehen einer Familie stand in engem Zusammenhang mit ihren Herden. Es war daher natürlich, dass Menschen, die Dankbarkeit für ihren Wohlstand zum Ausdruck bringen wollten, dies in Form ritueller Opferungen taten. Ein Schaf oder ein Lamm wurde geopfert, indem man es an Festtagen auf dem Altar verbrannte, oder aber bei Ritualen, die mit bestimmten Brandopfern verbunden waren – das Friedensopfer und das Sühneopfer. Als Nehemia von König Artaxerxes I. etwa 440 v. Chr. die Erlaubnis erhielt, nach Jerusalem zurückzukehren, um die Stadt wiederaufzubauen, begann er mit den Stadtmauern und „[d]er Hohepriester Eljaschib und die anderen Priester bauten das Schaftor wieder auf" (Neh 3,1). Es war von Bedeutung, dass es der Hohepriester war, der die Arbeit hier begann, weil dies der Weg war, auf dem Lämmer und Schafe zu Opferzwecken zum Tempel gebracht wurden. Es war das einzige Tor, das geheiligt war, weil es eine solch große spirituelle Bedeutung hatte.

Für die Juden war das Opfern von Tieren eine konkrete Möglichkeit, ihre Nähe zu Gott unter Beweis zu stellen. Christen glauben aufrichtig, dass Jesus durch seinen Kreuzestod das äußerste Opfer brachte und dass ihre Sünden daher vergeben sind. Schafe und Lämmer werden in der Bibel als Christussymbole gebraucht: „Am nächsten Tag bemerkte Johannes, dass Jesus zu ihm kam. Da rief er: ‚Seht, das ist Gottes Opferlamm, das die Sünde der Menschen wegnimmt …'" (Joh 1,29-30)

Man glaubt, dass der Mensch etwa 4000 v. Chr. in Zentralasien begonnen hat, das Wildpferd (*Equus ferus*) zu domestizieren, und die Wissenschaft geht davon aus, dass es bis 2000 v. Chr. vollständig domestiziert war – mitsamt Zaumzeug, wie wir es heute kennen. Es gibt heutzutage nur noch eine echte Wildpferdart, das seltene Przewalski-Pferd (*E. f. przewalskii*), das in den Steppen Zentralasiens vorkommt. Die Pferde in der Bibel jedoch sind zumeist Kriegsrosse, keine Hoftiere. Sie zogen Streitwagen und dienten als Reittiere für die Kavallerie. Wir begegnen ihnen erstmals in Ägypten, wo sie im 16. Jh. v. Chr. zu kriegerischen Zwecken eingeführt wurden. Auf der Wand eines der Felsentempel von Abu Simbel findet sich ein wunderbares Relief von Pharao Ramses II., wie er in der Schlacht von Kadesch mit Bogenschützen dahinreitet. Die Niederlage der Ägypter während des Auszugs der Juden aus Ägypten wird im Lied von Moses und Mirjam festgehalten:

> EXODUS 15,1.4
> *Ich will dem Herrn singen, denn er ist mächtig und erhaben, Pferde und Reiter warf er ins Meer! … Die Streitwagen des Pharaos und sein Heer hat er ins Meer geschleudert.*

Als sich die Israeliten im Gelobten Land niedergelassen hatten, sagte ihnen Gott: „Wenn er König geworden ist, soll er kein großes Reiterheer aufbauen. Er darf auch niemanden von euch nach Ägypten schicken, um von dort noch mehr Pferde zu bekommen." (Dt 17,16) Doch:

2 CHRONIK 1,14.15

Salomo besaß 1.400 Streitwagen und 12.000 Pferde.
Teils brachte er sie in den Städten unter, die er eigens
dafür gebaut hatte, teils am königlichen Hof in Jerusalem …
Salomo kaufte seine Pferde in Ägypten und in Zilizien …

Zilizien entspricht einem Gebiet im Südosten der heutigen Türkei. Als mächtiger Anführer konnte Salomo nicht widerstehen, seine Armee entgegen dem Gebot Gottes um die ‚ultimative Abschreckungswaffe' zu ergänzen. Jesaja beklagte diese Form der Autoritätsausübung, indem er ausrief:

JESAJA 31,1

Wehe denen, die nach Ägypten gehen, um Hilfe zu holen!
Sie setzen ihre Hoffnung auf Pferde, sie vertrauen auf die
unzähligen Streitwagen und die starken Reitertruppen.
Den heiligen Gott Israels aber lassen sie außer Acht,
den Herrn bitten sie nicht um Hilfe.

Das AT ist voll von galoppierenden Pferden, Wagenlärm und mächtigen Streitrossen. Im NT hingegen werden die Tiere nur dreimal erwähnt. Als Paulus von den Sanhedrin festgenommen wurde und nach römischem Gesetz (weil er römischer Bürger war) dem Gericht überstellt werden sollte, geschah Folgendes:

APOSTEL-GESCHICHTE 23,23-24

Gleich darauf ließ der Kommandant zwei Hauptleute zu sich kommen.
Ihnen gab er den Auftrag: „Stellt für heute Abend neun Uhr zweihundert
Soldaten zum Marsch nach Cäsarea bereit, dazu noch siebzig Reiter und
zweihundert Leichtbewaffnete. Kümmert euch auch um Reittiere für den
Gefangenen und bringt ihn sicher zum Statthalter Felix."

Als Jakobus in seinem Brief erklärt, wieviel Schaden wir durch Worte anrichten können, formuliert er dies so:

JAKOBUS 3,3.8

So legen wir zum Beispiel den Pferden das Zaumzeug ins Maul.
Damit beherrschen wir sie und können das ganze Tier lenken …
Aber seine Zunge kann kein Mensch zähmen.
Ungebändigt verbreitet sie ihr tödliches Gift.

SÄUGETIERE

Die dritte Bezugnahme findet sich im letzten Buch der Bibel, der Offenbarung. Der Verfasser Johannes hat eine Vision und sieht das Lamm (d.h. Jesus) eines von sieben Siegeln auf einer Schriftrolle öffnen, die sicherlich als ein Gesetzesdokument betrachtet werden musste, weil die Zahl Sieben für Vollständigkeit stand. Das Brechen der Siegel ist eine symbolische Handlung, die dem Erklingen von Trompeten und dem Ausgießen der ‚Schalen des Zorns' vorangeht. Dies alles kündigt schreckliche Ereignisse an, die sich auf der Erde zutragen werden. Zuerst erscheinen Kriegsrosse, deren Reiter als die vier apokalyptischen Reiter bekannt geworden sind (Offb 6,1-8). Die vier Reiter kommen auf einem weißen, einem roten, einem schwarzen und einem fahlen Pferd daher. Sie sind die Vorboten von Eroberung, Krieg, Hungersnot und Tod und damit des nahenden Jüngsten Gerichts. Manche glauben, die Vision habe sich lediglich auf das Leben unter der Herrschaft der Römer im 1. Jh. bezogen. Andere sehen darin eine bevorstehende Drangsal, in der viele Menschen umkommen werden. Eine dritte Interpretation wiederum sieht die Reiter als Verkörperung gegenwärtiger Ereignisse, sogar bestimmter Überzeugungen. Demnach würde das rote Pferd den Kommunismus repräsentieren, das weiße Pferd den Katholizismus, das schwarze Pferd den Kapitalismus und das fahle den Islam. Die Debatte ist längst nicht abgeschlossen. Möglicherweise denkt Johannes an die Reiter auf einem roten, braunen und weißen Pferd, die Sacharja erschienen waren (Sach 1,8-11). Diese berichteten Gott jedoch, dass „die ganze Welt ruhig und still [liegt]" und nicht, dass ein Volk gegen das andere kämpfen wird, wie von Jesus verkündet (Mk 13).

DROMEDAR

Neben Pferden werden auch Kamele als Transportmittel erwähnt. Konkret handelt es sich dabei um das Dromedar bzw. Einhöckrige Kamel (*Camelus dromedarius*), das vor etwa 4.000 Jahren in Arabien domestiziert wurde. Die Tiere sind gelehriger als Rinder, so dass sie außer zum Tragen von Lasten auch zum Ziehen von Karren oder Pflügen eingesetzt werden können. Ein erwachsenes Dromedar kann dank seiner Anpassung an das Leben in der Wüste Strecken von 20 bis 40 km pro Tag zurücklegen und dabei 150 kg und mehr an Gewicht tragen, und dies über einen längeren Zeitraum hinweg. Die Tiere waren daher bei Handelstransporten nicht wegzudenken.

Als sich Josephs eifersüchtige Brüder fragen, was sie mit ihm tun sollen, nachdem sie ihn entführt haben, geschieht Folgendes:

> GENESIS 37,25
>
> *Dann setzten sie sich, um zu essen. Auf einmal bemerkten sie eine Karawane mit ismaelitischen Händlern. Ihre Kamele waren beladen mit wertvollen Gewürzen und Harzsorten. Sie kamen von Gilead und waren unterwegs nach Ägypten.*

Diese Männer waren Nachfahren von Abraham und illustrieren perfekt die Länge der von solchen Karawanen unternommenen Reisen. Gilead war die Hügellandschaft östlich des Jordan, zwischen See Genezareth und Totem Meer, und ihre Route musste sie südwestlich durch den Negev und die Wüste Schur geführt haben, etwa 350 bis 450 km weit. Ihre Gewürze werden alle in Kapitel 3 beschrieben.

Auch die drei Weisen aus der Weihnachtsgeschichte – höchstwahrscheinlich gebildete Astrologen aus Persien oder Südarabien – dürften auf Kamelen angekommen sein, denn die einzige Möglichkeit, in jenen Tagen derartig weiten Strecken zurückzulegen, war mit einem solchen Reittier. Die Heiligen Drei Könige werden nur im Evangelium nach Matthäus (Mt 2) erwähnt, das allerdings nichts darüber verrät, wie sie eintrafen, nur dass sie „aus einem Land im Osten" kamen.

Kamele waren zudem wertvolle Milchlieferanten. Kamelmilch, zu drei Vierteln mit Wasser vermischt, galt als ein wohlschmeckendes, nahrhaftes Getränk. Das Haar der Kamele wurde gewebt und zu Kleidungsstücken verarbeitet – „Johannes trug ein aus Kamelhaar gewebtes Gewand" (Mk 1,6) – und ihre Haut wurde zur Herstellung von Zelten genutzt: Als der Hl. Paulus in Korinth war, hielt er sich bei Aquila und seiner Frau Priszilla auf und arbeitete mit ihnen, „weil sie wie er von Beruf Zeltmacher waren" (Apg 18,3).

Die Erzählung von der Rückkehr der Israeliten aus dem Exil etwa um 537 v. Chr. wird in den Büchern Esra und Nehemia verzeichnet. Die Menschen und ihre Tiere werden ganz detailliert aufgelistet:

> ESRA 2,64-67
>
> *Insgesamt kehrten 42.360 Israeliten in ihre Heimat zurück, dazu kamen 7.337 Sklaven und Sklavinnen und 200 Sänger und Sängerinnen. Die Israeliten brachten 736 Pferde, 245 Maultiere, 435 Kamele und 6.720 Esel mit.*

Kamel und Karawane

Einmal mehr wird deutlich, wie groß die Viehbestände dieser Menschen waren. Lange zuvor hatte Jesaja die folgenden hoffnungsvollen Worte für die Exilierten niedergeschrieben:

> JESAJA
> 60,5-6
>
> *… über das Meer segeln Schiffe heran, um dir ihre Schätze zu bringen; den Reichtum der Völker wird man bei dir aufhäufen. Unaufhörlich treffen Handelskarawanen aus Midian und Efa bei dir ein. Mit ihren Kamelen kommen sie aus Saba und bringen Gold und Weihrauch mit sich. Laut loben die Händler den HERRN …*

Die Midianiter durchstreiften die Wüsten jenseits des Jordan und im Süden an der Ostseite des Golfs von Akaba. Jesaja bezieht sich auf Kamelkarawanen von Händlern, die Luxusgüter aus dem Osten einführten.

Jesus nannte das Kamel in einer seiner Ansprachen an seine Jünger, nachdem es ihm misslungen war, einen jungen Mann davon zu überzeugen, sein Leben in Reichtum aufzugeben.

> MARKUS
> 10,23-25
>
> *„Wie schwer ist es doch für Menschen, die viel besitzen, in Gottes Reich zu kommen!" Seine Jünger waren über diese Worte erschrocken, aber Jesus betonte noch einmal: „Ja, ihr Lieben, wie schwer ist es doch, in Gottes Reich zu gelangen! Eher geht ein Kamel durch ein Nadelöhr, als dass ein Reicher in Gottes Reich kommt."*

Jesus illustriert also das Problem des Reichen, indem er dem größten Tier Palästinas die kleinste Öffnung gegenüberstellt.

Noch häufiger als von Kamelen (nämlich dreimal so oft) ist in der Bibel von Eseln die Rede. Der Grund dafür liegt auf der Hand: Während Kamele vorwiegend für den Transport von Handelsgütern oder als Reittiere für wohlhabende Menschen wie die drei Weisen aus dem Morgenland eingesetzt wurden, waren Esel die Lasttiere der Bauern und einfachen Leute, zu denen auch Joseph und Maria zählten, und nahmen so eine wichtige Stellung im Alltagsleben ein.

Der Hausesel (*Equus asinus*) wurde vor etwa 6.000 Jahren im alten Ägypten aus dem wilden Afrikanischen Esel (*E. africanus*) gezüchtet. So gibt es im Grab des Tutanchamun ein Wandbild, das eine Jagd auf wilde Esel darstellt. Das Tier war gut angepasst an das Leben der Menschen in der Halbwüste und damit auch daran, die Habseligkeiten der frühen Israeliten bei deren Wanderungen tragen zu können.

Als sich die Israeliten im Gelobten Land niederließen, waren Wildesel noch immer eine geläufige Erscheinung:

 **PSALMEN 104,10-11** *[Gott] lässt Quellen sprudeln und als Bäche in die Täler fließen, zwischen den Bergen finden sie ihren Weg. Die Tiere der Steppe trinken davon, Wildesel stillen ihren Durst.*

Erstmals erwähnt werden Esel in der Geschichte der frühen Jahre von Abrams Leben in Ägypten, wohin er gereist war, um der Hungersnot in Kanaa zu entgehen. Er ließ sich nieder und erwarb „Diener, Schafe, Ziegen, Rinder, Esel und Kamele" (Gen 12,16). Der Wohlstand einer Familie wurde an der Zahl und Güte ihres Viehbestands gemessen, Abram war also ganz offensichtlich zu Reichtum gelangt.

Vieh war wertvoll und damit eine legitime Kriegsbeute. Als Moses die Israeliten zum Sieg über die Midianiter führte, nahmen sie nicht nur 32.000 junge Frauen gefangen, sondern erbeuteten auch 61.000 Esel, 675.000 Schafe und 72.000 Rinder (Num 31,32-33).

In Numeri 22 findet sich eine wundervolle Geschichte über einen Esel. Bileam, ein heidnischer Prophet und Seher, war ein Experte im Deuten der Zukunft aus dem Verhalten von Tieren oder deren Eingeweiden. Gott hatte ihm verboten, die Israeliten zu verfluchen – was der Moabiter-König Balak

Esel

ihm zu tun aufgetragen hatte. Gott erlaubte ihm jedoch, zu den Israeliten zu gehen, solange er seine Weisungen befolgen würde. Er machte sich auf den Weg, allerdings in der Absicht, seinem eigenen Plan zu folgen und eine Belohnung von Balak einzuheimsen. Er reitet gerade auf seinem Esel dahin, als dieser plötzlich den Weg verlässt und in einen schmalen Pfad einbiegt, weil er einen Engel des Herrn sieht. Bileam schlägt das Tier, welches spricht:

NUMERI 22,28-30

„Was habe ich dir getan? Warum hast du mich jetzt schon zum dritten Mal geschlagen?"
Bileam schrie: „Weil du mich zum Narren hältst! …"
Das Tier erwiderte: „Bin ich nicht deine Eselin, auf der du schon immer geritten bist? Habe ich jemals so etwas getan wie heute?"
Bileam sagte: „Nein."

Das sprichwörtlich einfältige Tier war in der Lage, den Engel zu sehen, während Bileam, dessen Fähigkeiten über die Landesgrenzen hinaus bekannt waren, blind dafür war. Dann aber sieht auch Bileam den Engel und bekennt, dass er gesündigt hat.

Es gibt mehrere Hinweise darauf, dass Esel auch mit einem Sattel geritten wurden. Auch Maria dürfte einen Sattel benutzt haben, als sie und Joseph die dreitägige Reise von Nazareth nach Bethlehem unternahmen, um sich registrieren zu lassen, wie dies die von Kaiser Augustus angeordnete Volkszählung verlangte. Sowohl diese Reise als auch die gut 160 Kilometer lange Reise nach Ägypten kurz darauf, durch die sie dem von Herodes angeordneten Kindermord zu Bethlehem entgingen, werden nur im Matthäusevangelium erwähnt. Bei keiner von beiden Reisen ist von einem Esel die Rede! Dass sie auf diese Weise reisten, lässt sich lediglich vermuten.

Kein Zweifel besteht allerdings darüber, auf welchem Reittier Jesus am Ende seines irdischen Lebens in Jerusalem einzog:

MATTHÄUS 21,1-5

Kurz bevor sie Betfage am Ölberg erreichten, schickte Jesus zwei Jünger mit dem Auftrag voraus: „Geht in das Dorf da vorne! Gleich am Ortseingang werdet ihr eine Eselin mit ihrem Fohlen finden, die dort angebunden sind. Bindet sie los und bringt sie zu mir. Sollte euch jemand fragen, was ihr da tut, dann antwortet: ‚Der Herr braucht sie.' Man wird sie euch dann ohne Weiteres mitgeben."
Damit sollte sich erfüllen, was Gott durch seinen Propheten angekündigt hatte: „Sagt den Menschen auf dem Berg Zion: ‚Euer König kommt zu euch. Und doch kommt er nicht stolz daher, sondern reitet auf einem Esel, ja, auf dem Fohlen einer Eselin.'"

SÄUGETIERE | 105

Dieser Esel ist in allen vier Evangelien belegt. Lange Zeit hatte der Esel Bescheidenheit, Frieden und die Königswürde des Hauses David symbolisiert – dem Jesus angehörte. Er ritt bewusst auf diese Weise, um zu unterstreichen, dass er ein friedvoller Erretter der Juden war, nicht der Anführer einer starken Militärmacht zur Vertreibung der Römer.

Gazellen werden in den Sprüchen (6,5) erwähnt, wo wir eine Warnung vor der Torheit lesen:

Reiße dich los wie die Gazelle aus der Hand des Jägers.

Auch Jesaja spricht von der „verscheuchten Gazelle" (13,14). Aber die Geliebte nimmt das Tier ganz anders wahr:

HOHESLIED 2,8-9

Da kommt mein Geliebter!
Ich höre es, ja, ich kann ihn schon sehen!
Er springt über die Berge und hüpft über die Hügel.
Schnell wie eine Gazelle läuft er, flink wie ein Hirsch.

In der Frühzeit der christlichen Kirche bereiste Petrus Judäa und besuchte Joppe nordwestlich von Jerusalem.

APOSTEL-GESCHICHTE 9,36

In der Stadt Joppe lebte eine Jüngerin von Jesus.
Sie hieß Tabita. Der Name bedeutet „Gazelle". Tabita tat
viel Gutes und half den Armen, wo immer sie konnte.

Die Jüngerin war nach der Gazelle benannt, welche in den Hügeln ihrer Heimat lebte. Die Gazelle ist eine Antilope, die zu einer Familie von paarhufigen Wiederkäuern gehört, genau das also, was das Gesetz verlangte – die Israeliten durften „jedes Tier, das gespaltene Klauen hat" essen. Es gibt mehr als 20 Gazellenarten, die alle in Asien und Afrika heimisch sind. Die noch heute in Palästina anzutreffende Spezies ist die Dorkasgazelle (*Gazella dorcas*). Sie hat eine Schulterhöhe von 1,80 m, sowohl die weiblichen als auch die männlichen Tiere haben Hörner, die bis zu 30 cm lang werden können. Es ist ein attraktives Tier, ideal, um im Hohelied den Geliebten zu beschreiben. Die Grundfärbung ist gelbbraun, aber auf der Unterseite und am Hinterteil sind die Tiere cremeweiß und von oberhalb des Auges bis zu den Nüstern haben sie eine schmale weiße Linie. Dorkasgazellen leben einzeln oder in kleinen Gruppen in den Ebenen im Landesinneren und im Hochland. Wird eine Herde aufgeschreckt, so flüchtet sie selbst im unwirtlichsten Gelände blitzschnell. Dies spiegelt sich auch in der Beschreibung wider, wie gut einer von Davids Männern laufen konnte – „schnell und flink wie eine Gazelle" (2 Sam 2,18). Die Haut wird zu Bodenbelägen, Taschen oder Schuhen verarbeitet und das Fleisch wird verzehrt, auch wenn es vergleichsweise gering geschätzt wird.

Dorkasgazellen

Das Reh (*Capreolus capreolus*) ist in ganz Europa und Asien weitverbreitet. Es ist ein wenig größer als die Gazelle, hat ein reizvolles rotbraunes Fell, einen weißen Fleck auf dem Hinterteil, und nur das männliche Tier hat ein kurzes, gerade nach oben stehendes Geweih. Das Reh ist ein Waldbewohner und in der Mittelmeerregion kommt es hauptsächlich in den Hügeln und Bergen vor. Viele Menschen, die sich von Sorgen bedrückt fühlten, können wohl bis heute den Ausruf des Verfassers der Psalmen nachempfinden:

> **PSALMEN 42,2-3**
>
> *Wie ein Hirsch nach frischem Wasser lechzt,*
> *so sehne ich mich nach dir, o Gott!*
> *Ja, ich dürste nach Gott, nach dem lebendigen Gott.*

Die Lebendigkeit des Bilds legt nahe, dass der Autor ein solches gehetztes Tier, das verzweifelt lebenspendendes Wasser gebraucht hätte, gesehen haben muss, als er gerade selbst der Erneuerung und Belebung durch Gott bedurfte. Die wenigen weiteren Bezugnahmen auf Rehe stellen vor allem ihre Schnelligkeit und Trittsicherheit (2 Sam 22,34; Hab 3,19) sowie ihre graziöse Erscheinung (Spr 5,19) in den Vordergrund.

In Levitikus und im Buch der Sprüche ist von einem seltsamen Tier die Rede:

> **SPRÜCHE 30,26**
>
> *… die Klippdachse – sie sind nicht kräftig, aber sie bauen ihren Unterschlupf in den unzugänglichen Felsklüften …*

Die Dachse waren dem Verfasser zufolge eines von „[v]ier Dinge[n] … auf Erden, die klein, aber außerordentlich weise sind" (Vers 24). Neben der Liste von ‚reinen Tieren' erhielten die Israeliten eine solche von ‚unreinen Tieren', die sie nicht verzehren sollten:

> **LEVITIKUS 11,4-6**
>
> *Das Kamel, den Klippdachs und den Hasen dürft ihr aber nicht essen. Denn sie sind zwar Wiederkäuer, haben aber keine gespaltenen Hufe oder Pfoten. Sie müssen bei euch als unrein gelten.*

Der Klippdachs (*Procavia capensis*), auch Klippschliefer genannt, ist im Wesentlichen eine subsaharische Spezies, deren Verbreitungsgebiet sich jedoch auch nach Norden von Israel bis in den Libanon und nach Syrien ausdehnt. Die Tiere käuen ihr Futter nicht wieder, machen allerdings ein charakteristisches grunzendes Geräusch und bewegen dabei ihre Kiefer, so dass die Juden des Altertums den Eindruck gewannen, die Tiere würden wiederkäuen. Familiengruppen leben in unterirdischen Höhlen in felsigem Gebiet, ernähren sich weniger als 100 m vom Eingang entfernt von pflanzlicher Nahrung und werden zur Beute für Leoparden, Schlangen und Adler, wenn das Wache haltende Tier den Räuber nicht rechtzeitig sieht, um einen Warnlaut von sich zu geben.

Einer der Schlüssel zum Verständnis der Bibel liegt darin, die Symbolik zu begreifen, die sich hinter den darin genannten Geschöpfen Gottes verbirgt. Wir haben über viele von ihnen gelesen, vom größten bis zum kleinsten, und sie alle haben eine Geschichte voller Lebensweisheit zu erzählen – von Stärke und Schwäche, von Krieg und Frieden, von menschlicher Habgier und von Gottes zahllosen Liebesgaben.

Kapitel V

VÖGEL

Israel gilt als einer der besten Orte weltweit, um Zugvögel zu beobachten. Millionen von Vögeln, die Hunderten von Arten angehören, durchqueren das Land zweimal im Jahr und machen es so zu einer der belebtesten und eindrucksvollsten Vogelzugrouten der Erde.

Israels bemerkenswertes Vogelvorkommen verdankt sich seiner Geografie und den vielfältigen Habitaten. Von den über 2.200 m aufragenden schneebedeckten Gipfeln des Hermon über den Großen Afrikanischen Grabenbruch bis hinunter zur Senke des Toten Meers, dem am tiefsten gelegenen Ort der Welt 440 m unter dem Meeresspiegel, beherbergt jeder Lebensraum eine einzigartige Tier- und speziell auch Vogelwelt.

Israel ist die nördliche Verbreitungsgrenze für afrikanische Vogelarten wie den Smaragdspint (*Merops orientalis*) und das Kaptäubchen (*Oena capensis*), die südliche für europäische Arten wie Finken, Häher etc. und die westliche für faszinierende asiatische Arten wie Eisvögel, Bülbüls, Drosslinge etc.

Flora und Fauna sind so vielfältig, dass viele Besucher darüber erstaunt sind, wie groß das Ausmaß an Biodiversität auf begrenztem Raum sein kann. Die Zahlen sprechen für sich: Bekannt sind nicht weniger als 540 Vogelarten. Zum Vergleich: Die Artenliste der ungleich größeren USA umfasst 950 Arten, die von Großbritannien 580. Beeindruckend ist Israels Artenvielfalt v. a. dann, wenn man bedenkt, dass das Land eine Ausdehnung von weniger als 480 km in der Länge und 110 km in der Breite hat.

Wie die Bibel berichtet, sprach Gott am fünften Tag der Schöpfung:

> GENESIS 1,20-22
>
> *„Im Wasser soll es von Leben wimmeln, und Vogelschwärme sollen am Himmel fliegen!" Er schuf die gewaltigen Seetiere und alle anderen Lebewesen, die sich im Wasser tummeln, dazu die vielen verschiedenen Arten von Vögeln. Gott sah, dass es gut war. Er segnete sie und sagte: „Vermehrt euch und füllt die Meere, und auch ihr Vögel, vermehrt euch auf der Erde!"*

Die Vögel waren in der Tat fruchtbar und vermehrten sich. Heute findet man sie auf jedem Kontinent, in jedem Habitat, von den Schneewüsten der Antarktis bis zu den dampfend heißen Regenwäldern am Äquator. Wissenschaftler gehen von etwa 11.000 Arten aus; jedes Jahr werden neue Arten an entlegenen Orten entdeckt, bei anderen Vögeln wiederum, die man für einer einzigen Art zugehörig gehalten hat und die nur kleine Variationen in Gefieder oder Verhalten aufweisen, weiß man mittlerweile dank DNA-Untersuchungen, dass es sich um unterschiedliche Arten handelt.

In Kolonien nistende Bienenfresser

Die Vögel der Schöpfungsgeschichte waren für die Verfasser des AT eine besonders große Inspiration, die Welt zu beschreiben, in der die Menschen lebten. Tausend oder mehr Jahre nach der Genesis schrieb ein unbekannter Autor *Das Buch der Weisheit* nieder. Es ist kein Teil der hebräischen Bibel, wurde aber vom Hl. Hieronymus in seine lateinische Übersetzung (*Vulgata*) einbezogen. Für die römisch-katholische Glaubensrichtung und für viele orthodoxe Gruppierungen gehört es nach wie vor zum Kanon, wohingegen es in der protestantischen Bibel nur als Teil der apokryphen Schriften akzeptiert wird. Der Autor war fasziniert vom Vergehen der Zeit und von den fehlenden Anzeichen dafür, welche Geschöpfe zuvor an einem bestimmten Ort gelebt hatten:

BUCH DER WEISHEIT 5,11

Oder wie man bei einem Vogel, der durch die Luft fliegt, keine Spur seines Weges finden kann: Durch seine Federn wird die leichte Luft bewegt und zerteilt durch den Schlag seiner Flügel; danach aber gibt es nichts mehr, was auf seinen Flug hindeutet.

Wir sagen auch heute noch: „Wie die Zeit verfliegt!" Aber meist eilen unsere Gedanken dann weiter, um sich mit anderen Dingen zu beschäftigen.

Vogelgeräusche beeinflussten die Autoren im alten Palästina sehr. Häufig lesen wir in der Bibel von den klagenden Lauten von Taube und Eule, zwei Vögeln, auf die wir später noch genauer eingehen werden. Aber auch der Vogelgesang wird festgehalten, der die Gemüter erhebt:

HOHESLIED 2,11-12

Die Regenzeit liegt hinter uns,
der Winter ist vorbei!
Die Blumen beginnen zu blühen,
die Vögel zwitschern, und überall im Land
hört man die Turteltaube gurren.

Ob dieses Liebeslied ursprünglich von König Salomo geschrieben wurde, wie herkömmlicherweise angenommen, oder lediglich über ihn, hat keinen Einfluss auf die zeitlose romantische Bildkraft des Gedichts. Das häufig erwähnte Gurren der Tauben nicht mitgezählt, sind diese und eine weitere Stelle (siehe nächste Seite) die einzigen, in denen explizit auf Vogelgesang und nicht nur allgemein auf Vogelrufe Bezug genommen wird. Der wahrscheinlichste Sänger ist der Gelbsteißbülbül (*Pycnonotus xanthopygos*), der im gesamten Nahen Osten anzutreffen ist. Er ist in Israel in manchen Landesteilen sehr verbreitet und in Gärten, Plantagen und Oasen anzutreffen, überall dort, wo es Bäume und Büsche gibt. Dementsprechend findet man ihn sogar in Dörfern und Städten. Sein keckes, repetitives Lied, mit dem er sein Territorium bekundet, ist vor allem im Frühjahr schon vor Sonnenaufgang zu hören. Ich hatte im April Gelegenheit, einem dieser Vögel zu lauschen, als er im alten Teil von Jerusalem auf einer Fernsehantenne über der Zisterne von Bethesda sitzend sein Lied erklingen ließ.

GELBSTEISSBÜLBÜL

Von allen Schriften, ob nun im AT oder im NT, ist derjenige Text, welcher am eindringlichsten das Staunen des Autors über Gottes Schöpfung wiedergibt, Psalm 104. Der Autor wiederholt darin nicht etwa einfach nur die Reihenfolge der Schöpfungsgeschichte, sondern preist den Schöpfer und die von ihm geschaffenen Wunder, die er vor sich sieht: Himmel, Meere, Täler, Berge – reich an Pflanzen, Tieren und Nahrung:

> PSALMEN 104,12.16-17
>
> *An ihren Ufern nisten die Vögel,*
> *in dichtem Laub singen sie ihre Lieder …*
> *Du, HERR, hast die riesigen Zedern auf dem*
> *Libanongebirge gepflanzt und gibst ihnen genügend*
> *Regen. In ihren Zweigen bauen die Vögel ihre Nester,*
> *und Störche haben in den Zypressen ihren Brutplatz.*

Abgesehen von den Worten selbst zeigt auch die sorgsam komponierte Struktur des Psalms das Gefühl des Staunens des Psalmisten und seinen Wunsch, den Herrn zu preisen. Der Hauptteil beginnt mit dem Himmel (Vers 1) und endet mit dem Meer (Vers 26), den beiden Elementen, welche die Erde zusammenhalten, auf der er den Reichtum der Schöpfung betrachtet. Wenn wir innehalten, um die Welt um uns herum auf uns wirken zu lassen – Frühlingsprimeln, einen Regenbogen, schneebedeckte Hügel, die erste Schwalbe des neuen Jahres – können wir gut nachvollziehen, warum der Psalmist Gottes Lob sang wie die „Vögel unter dem Himmel" (Mt 6,26).

Es ist ein lohnendes Unterfangen, das Wissen der Hebräer über Vögel in einen größeren, globalen Kontext zu stellen, so dass wir einschätzen können, wie genau ihre Beobachtungen waren.

Historische Belege aus dem alten Ägypten, wo die Israeliten viele Jahre in Gefangenschaft lebten,

ZWERGSCHARBE

zeigen, dass ihre dortigen Herren mit den Vögeln in ihrer Umgebung gut vertraut waren. Auf den Wänden der antiken Gräber sind genaue Bildnisse vieler Arten zu erkennen.

In der Bibel gibt es etwa 300 Verweise auf Vögel, von der Erwähnung von ‚Vogel/Vögel' als allgemeinem Begriff bis hin zu sehr spezifischen Beschreibungen. Für ‚Vogel' wird auf Hebräisch einer von zwei Oberbegriffen gebraucht. Das Wort ‚oph' ist für Vögel und andere fliegende Kreaturen wie Insekten bestimmt. Es wird in der Genesis verwendet. Ein weiteres allgemeines Wort ist ‚tsippor', es bezeichnet normalerweise Wildvögel wie den „Vogel aus der Hand des Fängers" (Spr 6,5) oder Singvögel wie denjenigen „in verlassenen Ruinen" (Ps 102,7). Der Name von Moses' Frau, Zipporah, ist davon abgeleitet. Im griechischen NT gibt es ebenfalls zwei Wörter für Vögel. Vögel allgemein sind ‚peteinon' wie in Matthäus 6,26: „Seht euch die Vögel an! Sie säen nichts, sie ernten nichts und sammeln auch keine Vorräte." ‚Orneon' andererseits bezieht sich auf fleischfressende Vögel wie Geier, wie in der Beschreibung von Babylon, das ein „Gefängnis aller unreinen Vögel" (Offb 18,2) ist.

Zur Zeit Christi tauchten die Hebräer, die lange Zeit unter den Ägyptern gelebt hatten, in die griechische Kultur ein. Der Gebrauch des Griechischen war unter den Gebildeten weitverbreitet. Alle Autoren des NT bzw. deren Schreiber schrieben auf Griechisch. Zu dieser Zeit stand Palästina unter der Kontrolle der Römer, der Erbauer großer Verbindungsstraßen und Repräsentativbauten. Die frühen Christen machten sich zweifelsohne die Fähigkeiten der Denker, Künstler und Autoren ihrer Zeit zu eigen. Auch wenn sie später entstanden ist als die Bibeltexte, illustriert dies die byzantinische Kirche in Tabgha nahe Kafarnaum. Die Kirche befindet sich an der Stelle, wo Christus die Fünftausend genährt haben soll (Mt 6, Mk 14). Sie geht auf das 4. Jh. n. Chr. zurück und wurde im 5. Jh. vergrößert. Später wurde sie von den muslimischen Eroberern zerstört und 1932 wiederentdeckt. Die Ruinen beherbergen die erlesensten Bodenmosaiken Israels. Eines davon zeigt einen langhalsigen Schwan oder eine Gans sowie zwei Kormorane in ihrer typischen Pose beim Trocknen der Flügel, zusammen mit Wildtieren, Fischen und Blumengirlanden. Der Kormoran auf dem Mosaik ist ein kleiner Vogel und gleicht eher einer Zwergscharbe (*Phalacrocorax pygmaeus*) denn einem Kormoran (*P. carbo*), der heute – und wahrscheinlich schon immer – in Palästina wenig verbreitet ist. Die Zwergscharbe war ein oft gesehener Wintergast in den Feuchtgebieten von Hula nördlich von Galiläa, wo sie auch bis in die 1950er Jahre hinein brütete, bevor die Sümpfe trockengelegt wurden. Ein weiteres Mosaik zeigt einen prächtigen männlichen Pfau.

Im Gegensatz zu den lebensnahen Gemälden und Mosaiken ist der biblische Text jedoch oft nicht eindeutig, was die Spezies angeht. Zu den Speiseverboten, von denen wir bereits gelesen haben (siehe Kap. 4), gehört auch eine berühmte Auflistung unreiner Vögel in Levitikus 11, doch die Übersetzung der aufgeführten Arten ist nicht unproblematisch. Hier seien einige der Arten nach einem israelischen Buch zur Vogelkunde, einer gemeinschaftlichen Veröffentlichung der Society for the Protection of Nature in Israel und der Tel Aviv University aus dem Jahr 1987, angeführt.

Artenliste israelischer Vögel von 1987

Hebräisch	Englisch	Deutsch
kos hehorvot	Little Owl	Steinkauz
yanshuf ezim	Long-eared Owl	Waldohreule
tinshemet	Barn (or Screech) Owl	Schleiereule
dukhipat	Hoopoe	Wiedehopf
hasidah	Stork	Storch
nesher	Griffon Vulture	Gänsegeier
peres	Bearded Vulture	Bartgeier
raham	Egyptian Vulture	Schmutzgeier
ozniyah	Black Vulture	Rabengeier
daya	Kite	Milan
orev	Raven	Rabe
anafit oder anafat	Heron	Reiher
shalakh	Osprey	Fischadler
tahmass	Nightjar	Nachtschwalbe
ayat	Honey Buzzard	Wespenbussard

Alles Leben kommt von Gott. Blut ist Leben. Blut ist demnach heilig und Blut zu sich zu nehmen, war ein Vergehen gegen Gott, das den Zuwiderhandelnden ‚unrein' machte. Daher sagte das Gesetz: „Ihr dürft auch kein Blut verzehren, weder vom Vieh noch von Vögeln, wo immer ihr wohnt. Jeder, der Fleisch isst, das noch Blut enthält, hat sein Leben verwirkt und muss aus dem Volk ausgeschlossen werden!" (Lev 7,26-27) Erst das Fleisch, das vollständig ausgeblutet ist, ist ‚koscher'. Das Gesetz findet später sogar einen noch strengeren Ausdruck:

> LEVITIKUS 17,13-14
>
> *Wer auf der Jagd ein Stück Wild oder einen Vogel erlegt – ein Tier, das man essen darf –, der soll es ausbluten lassen und das Blut mit Erde bedecken. Denn im Blut ist das Leben eines jeden Tieres. Deshalb habe ich euch verboten, Blut zu verzehren. Alles Leben ist im Blut, und wer davon isst, muss getötet werden!*

Das bringt uns zur längsten und berühmtesten Liste von Vögeln in der Bibel, die zunächst in Levitikus auftaucht und später im Deuteronomium wiederholt wird:

> LEVITIKUS 11,13-19
>
> *Folgende Vögel sollt ihr nicht anrühren und erst recht nicht essen, denn sie sind unrein: Gänsegeier, Lämmergeier, Mönchsgeier, Gabelweihe und die verschiedenen Arten der Königsweihe, alle Arten des Raben, Strauß, Falke, Seemöwe, alle Habichtarten, Steinkauz, Fischeule, Waldohreule, Schleiereule, Wüstenkauz, Aasgeier, Storch, alle Reiherarten, Wiedehopf und Fledermaus.*

Die hier aufgezählten Arten lassen sich im Wesentlichen in drei Gruppen einteilen: Raubvögel, Wasservögel und Singvögel, von denen einer, der Wiedehopf (*Upupa epops*), auf den ersten Blick aus der Reihe zu fallen scheint. Auch wussten die Hebräer sicher, dass eine Fledermaus kein Vogel ist – aber Fledermäuse fliegen und sie fressen unreine Insekten, also verzehren sie Blut und sind demnach selbst unrein.

Wir haben bereits festgestellt, dass die Forschung sich heute bei der Identifizierung mancher der Vögel schwer tut. Ich möchte hier ausführlicher über die Vögel schreiben, bei denen wir uns (annähernd) sicher sein können.

Ein Vogel, bei dem alle Übersetzungen übereinstimmen, ist der Weißstorch (*Ciconia ciconia*). Dieser begegnet uns in der Prophezeiung des Jeremia, welche die ausführlichste Erwähnung von Zugvögeln in der gesamten Bibel enthält. Jeremia trat seine Mission 626 v. Chr. an und predigte und prophezeite etwa 40 Jahre lang. Wie auch die anderen Propheten fühlte er sich berufen, auf Gottes schmerzliches Bewusstsein über die Sünden der Juden hinzuweisen, auf deren Abweichen von Gottes Gesetzen und ihren Mangel an Reue. An einer Stelle beschreibt er ihre Versäumnisse mit folgenden Worten:

Wiedehopf

> *Keiner bereut seine schlechten Taten*
> *und sagt: „Was habe ich getan!"*
> *Alle rennen auf ihrem falschen Weg*
> *weiter wie Schlachtrosse,*
> *die in den Kampf stürmen.*
> *Selbst ein Storch weiß,*
> *wann er zurückkehren muss;*
> *Taube, Schwalbe und Drossel*
> *kommen zur rechten Zeit wieder.*
> *Nur mein Volk weiß nicht,*
> *welche Ordnungen ich ihm gegeben habe.*

JEREMIA 8,6-7

All diese Vögel sind Wandervögel, die durch Israel ziehen. Die Migration des Weißstorchs wurde in jüngerer Vergangenheit eingehend untersucht. Mithilfe winziger Sender konnten die Wissenschaftler die von einigen Individuen zurückgelegten Strecken genau verfolgen. Sie brüten auf der iberischen Halbinsel und in Osteuropa, wobei die von der iberischen Halbinsel stammenden Vögel über Gibraltar nach Afrika fliegen und jene aus Osteuropa über den Bosporus in die Türkei. Letztere fliegen dann weiter gen Süden durch die Levante und das Jordantal ins Heilige Land, ins Niltal und weiter in ihre Haupt-Winterquartiere in Kenia, Uganda und der östlichen Kapprovinz Südafrikas, wo sie von November bis Februar verweilen. Es ist seit langem bekannt, dass die zwei Populationen diese beiden schmalen Übergänge benutzen, womit sie eine lange Meeresüberquerung vermeiden. Diese großen Vögel, deren enorme Flügelspanne von 155-165 cm ihnen reichlich ‚Auftrieb' gibt, sie aber kaum Fluggeschwindigkeit aufnehmen lässt, müssen eine beträchtliche Höhe erreichen, damit sie genügend Raum haben, um mit langsamen, beständigen Flügelschlägen und im Segelflug vorwärts zu kommen. An den beiden schmalen Übergängen bilden sich mit steigenden Temperaturen im Laufe des Tages thermische Aufwinde. Die Störche warten auf deren Entstehen, steigen dann auf und kreisen darin, bis sie genügend Höhe gewonnen haben, um weiter zu gelangen. Seit Jahrhunderten ziehen die Schwärme, die sich im August am Bosporus bilden, die Aufmerksamkeit von Touristen wie Forschern auf sich. Bis zu 10.000 von ihnen kann man langsam kreisen und hoch aufsteigen sehen, bis sie sich in kleinen Gruppen gen Süden aufmachen. Die Rückkehr im Frühling ist die Umkehr des Spektakels vom Herbst, vollzieht sich aber schneller – manche Vögel können schon Anfang April in Russland sein. Jeremia schrieb „wann er zurückkehren muss", dachte dabei aber sicherlich an die Störche im Frühjahr *und* Herbst.

2002 veröffentlichte das Bundesamt für Naturschutz einen umfangreichen Bericht (Willem Van den Bossche et al., 2002). Man verzeichnete Tausende von Störchen, die von Syrien aus, d.h. aus dem Nordosten und Osten, nach Israel gelangten. Diese Schwärme halten für eine oder mehrere Nächte im Jordantal, insbesondere im Tal von Bet She'an südlich des Sees Genezareth, bevor sie weiter-

Weissstorch mit Jungtieren

Vögel

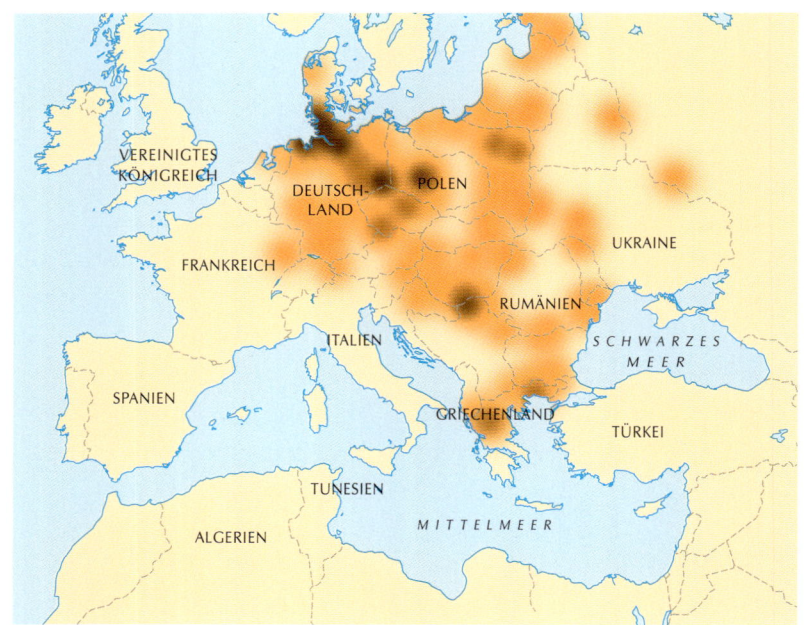

Beringungsorte für in Israel angetroffene Weissstörche:
dunklere Farbgebung steht für grössere Dichte

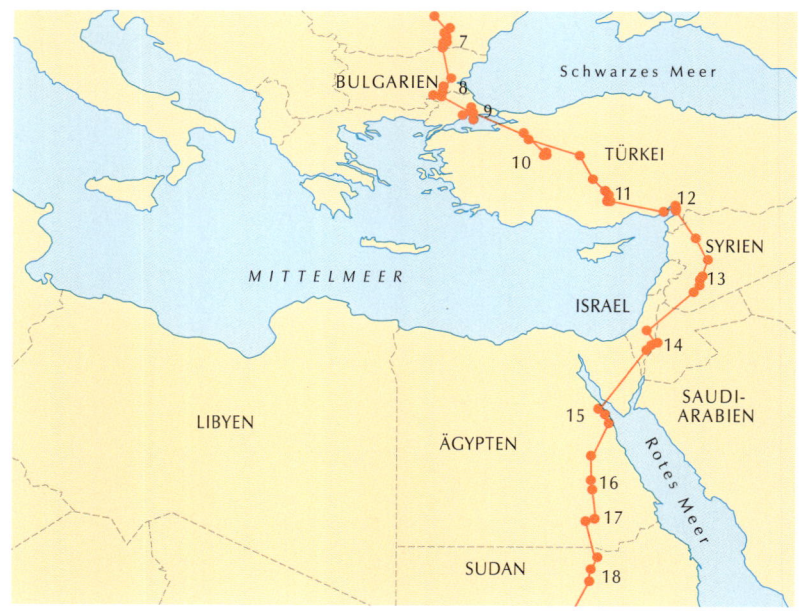

Migrationsmuster von „Caesar", Nr. 94555, Bulgarien
bis Sudan, mit Nummern versehene Übernachtungsorte

Pflanzen und Tiere im Heiligen Land

ziehen. Die Herkunftsgebiete von 317 markierten Störchen, die zwischen 1932 und 1996 in Israel angetroffen wurden, sind auf der ersten Karte gegenüber eingezeichnet. Die Sichtung mehrerer markierter Vögel versetzte die Wissenschaftler in die Lage, die tägliche Mindestflugentfernung zu berechnen, welche die Vögel zwischen Israel und ihrem Brutgebiet zurückgelegt hatten. Einer startete in Israel und erreichte das 3.304 km entfernte Norddeutschland in 25 Tagen, was durchschnittlich 132 km pro Tag entspricht. Ein weiterer erreichte binnen 27 Tagen das 2.728 km entfernte Polen (101 km pro Tag) Ein Storch, bekannt unter dem Namen Caesar, trug einen Radiotransmitter und wurde täglich per Satellit verfolgt. So konnten die Ornithologen seine Reise erstaunlich genau kartieren. Er begann seine Wanderung am 26. August 1994 in Norddeutschland, verbrachte seine 10. Nacht in der Türkei und seine 14. in Israel, überquerte am nächsten Tag die Grenze nach Ägypten und war am 18. Tag bereits im Landesinneren des Sudan. Ein weiterer, nur unter seiner Ringnummer 94549 bekannter Storch begann seine Wanderbewegung am 1. September und war am 14. September im Tal von Bet She'an, wo er 12 Tage lang blieb.

Diese modernen Beobachtungen beweisen, dass es nicht weiter verwunderlich ist, wenn jene großen, auffälligen Vögel die Aufmerksamkeit von Jeremia auf sich zogen. Obwohl er berichtet, dass die Störche in biblischen Zeiten in Zypressen nisteten (Psalm 104), haben sie in modernen Zeiten selten im Heiligen Land gebrütet.

Als die Israeliten im Exil in Ägypten waren, dürfte insbesondere Moses am Hofe des Pharao schnell gelernt haben, welch große Rolle dort Vögel im religiösen Leben spielten. Die Ägypter kannten mehrere Götter, die sie als Vögel darstellten. Der Gott der Wissenschaft und der Künste, Thoth, erhielt die Gestalt des Heiligen Ibis (*Threskiornis aethiopica*). Ein Relief mit der Darstellung eines Ibis wurde als Votivgabe gebraucht und noch in ptolemäischen Zeiten (ca. 350-30 v. Chr.) wurden in vielen Katakomben mumifizierte Ibisse begraben. Es handelt sich um einen großen, auffälligen, schwarz-weißen Wasservogel, mit dem die Israeliten vertraut gewesen sein mussten, der aber nur einmal in der Heiligen Schrift vorkommt:

> HIOB 38,36 *Wer hat dem Ibis Weisheit verliehen, und wer gab dem Hahn Einsicht?*

Denkbar ist, dass der Ibis bei den Juden nicht sehr angesehen war, weil er einen ägyptischen Gott repräsentierte.

Der dritte Vogel in der Aufzählung bei Jeremia (siehe Seite 118) ist aus bibelkundlicher wie aus ornithologischer Sicht interessant: Er wird im hebräischen Original als ‚agur' bezeichnet. Die meisten modernen Übersetzungen geben dies nicht mit ‚Kranich' wieder, die auf S. 118 zitierte Bibelausgabe (*Hoffnung für Alle*) etwa nennt hier die ‚Schwalbe'. Doch dies ist noch immer der moderne hebräische Name, ‚agur afor' für den Kranich (*Grus grus*), und ‚agur hen' für den selteneren Jungfernkranich (*Anthropoides virgo*). Es erscheint also nicht einsichtig, warum die geläufigen Übersetzungen andere

Arten benennen. Wie auch die Störche sind Kraniche riesige, auffallende Zugvögel. Sie fliegen mit ausgestreckten langen Hälsen und Beinen und erreichen eine Flügelspanne von 220-245 cm. Sie wandern in Schwärmen von oftmals Hunderten von Individuen, wobei sie in V-Formation fliegen und miteinander Kontakt halten. Ihre Ankunft verkünden sie mit lauten trompetenartigen Rufen. Die wahrscheinlichste Zeit für eine Sichtung sind die Zeiten des Vogelzugs, September bis Dezember und März bis April. Die meisten Vögel, die Israel durchqueren, stammen aus Nord- und Osteuropa; manche überwintern in Israel, doch die meisten fliegen das Niltal hinunter, um in den Flusstälern des Sudan und Äthiopiens zu überwintern. Bestimmt handelt es sich bei diesen großen grauen Vögeln um die von Jeremia erwähnte Art. Sie sind unübersehbar, ob im Flug oder am Boden, und Jeremia und seine Zeitgenossen mochten ihre liebe Not mit ihnen gehabt haben, ebenso wie heutige israelische Landwirte auch. Von ihren nächtlichen Schlafstellen breiten sich die Schwärme über die Felder aus. Zwar ernähren sie sich in der Regel von Wildfrüchten und Samen und gelegentlich von Kleinnagern und Insekten, doch es kommt durchaus vor, dass sie auch Gemüse fressen, vor allem am Sabbat, wenn die Felder unbeaufsichtigt sind. Vögel mit solchem Verhalten können unmöglich unbemerkt bleiben.

Der heute weltweit größte Vogel ist der Strauß (*Struthio camelus*). Er findet in sechs Büchern der Bibel Erwähnung: im 3. und 5. Buch Mose (Levitikus und Deuteronomium), im Buch Hiob, in den Klageliedern Jeremias und bei den Propheten Jesaja und Micha. Am eindrucksvollsten ist die detaillierte Beschreibung seiner Lebensweise im Buch Hiob:

KRANICH

> *Fröhlich schlägt die Straußenhenne mit den*
> *Flügeln, doch sie sind nicht zu vergleichen*
> *mit den Schwingen und Federn eines Storches.*
> *Sie lässt ihre Eier auf der Erde liegen,*
> *damit der heiße Sand sie wärmt.*
> *Dass ein Mensch sie zertreten,*
> *dass Tiere sie zertrampeln könnten –*
> *so weit denkt sie nicht. Herzlos behandelt*
> *sie die Jungen, als wären es nicht ihre eigenen.*
> *Und wenn ihre Mühe vergeblich war,*
> *kümmert sie das nicht.*
> *Denn ich habe ihr die Weisheit versagt;*
> *von Klugheit findet sich bei ihr keine Spur!*
> *Doch wenn sie ihre Flügel ausbreitet und losrennt,*
> *läuft sie jedem Reiter davon.*

HIOB 39,13-18

Ein männlicher Strauß kann nicht fliegen, aber seine weißen Federn flattern bei der Balz und wenn er rennt. Wie ein assyrisches Siegel zeigt, wurden Strauße in der Antike wegen dieser Federn gejagt und bis in die Gegenwart sind diese schmückenden Accessoires gefragt. Strauße legen ihre Eier in einfache Mulden im Boden, wo sie leicht von wilden Kamelen oder Antilopen zertreten werden können. Manchmal legen zwei Hennen in ein Nest, denn der Hahn ist polygam, was erklären könnte, warum der Autor glaubte, die Hennen würden sich nicht um ihre Brut kümmern. Neuere Studien haben ergeben, dass Männchen und Weibchen die Eier bebrüten und beide sich um die Küken kümmern.

Eine von sechs Unterarten war im Nahen Osten als einzige außerhalb Afrikas weit verbreitet. Die Tiere waren kleiner als die afrikanischen Strauße. Wissenschaftler glauben, dass es sich um einen der urtümlichsten Vögel überhaupt handelt. Vielleicht bemerkte dies der Autor des Buchs Hiob instinktiv und er stellte ihn deshalb so dar, als ob es ihm an Klugheit gebreche. Er kam in den syrischen und arabischen Wüsten vor, im Negev und der Wüste Sinai. Die Verbreitung von Schusswaffen nach dem 1. Weltkrieg und die Jagd mit motorisierten Fahrzeugen läuteten sein Ende ein, so dass er in diesen Gebieten seit den 1930er Jahren ausgestorben ist. 1973 wurden in Israel, genauer im Naturpark Hay Bar Yotvata, 18 Jungtiere wiederangesiedelt, in der Hoffnung, Nachwuchs zu erhalten und diesen in der Wüste Negev aussetzen zu können. Anders als bei der problematischen Identifizierung mancher Vogelnamen nennt das biblische Hebräisch den Strauß ‚ya-annah', was dem modernen ‚ya-en' sehr nahekommt.

Die nächste größere Gruppe von in der Bibel dokumentierten Vögeln sind die Raubvögel. Eulen, Adler, Geier und Falken werden häufig erwähnt. Wie wir bereits anhand der Liste in Levitikus gesehen haben, waren die Juden in frühen Zeiten mit verschiedenen Eulenarten vertraut. Nur die Liebenden hörten den Gesang der Vögel (vgl. S. 152). Es scheint, dass die Israeliten so von kriegerischen Nach-

VÖGEL

Strauss (Männchen im Vordergrund)

barn bedrängt worden waren und im 7. Jh. v. Chr. so lange im Exil gelitten hatten, dass manche Vogelrufe unangenehm konnotiert waren, traurig oder unheilverheißend. Sogar heute noch fürchten ja manche Menschen den Ruf der Eule.

Der Prophet Micha schrieb einige Jahre vor 700 v. Chr. Er lebte im Königreich Juda, dem Südteil des Heiligen Landes, und beobachtete dort die Sündhaftigkeit der Menschen und ihre Vernachlässigung des Diensts an Gott. Er prophezeite, dass Samaria und Jerusalem fallen würden:

> MICHA
> 1,8-9
>
> *Darum klage und weine ich, voller Trauer*
> *gehe ich barfuß und ohne Obergewand umher.*
> *Ich heule wie ein Schakal, schreie wie ein Strauß.*
> *Denn Samarias Wunden sind unheilbar …*

Zwischen 734 und 701 v. Chr. fielen tatsächlich die Assyrer ein und führten ihren Eroberungszug im Süden bis nach Jerusalem, das von der Zerstörung verschont blieb. Zefanja sprach seine Prophezeiungen etwa 100 Jahre später aus. Auch er war aus Juda und ein Nachfahr von König Hiskija, dem letzten König, den Micha noch kannte. Auch er schreibt, Gott werde das abtrünnige Juda bestrafen, schließlich aber jene zerstören, die Israel und Juda bedrohen:

> ZEFANJA
> 2,14
>
> *Wüstenkauz und Eule hausen nachts*
> *zwischen den zerborstenen Säulen.*
> *Aus den Fenstern krächzen Vögel,*
> *die Türschwellen sind mit Trümmern übersät …*

Viele moderne Übersetzungen stimmen darin überein, dass Eulen durch die Fenster rufen werden. Wenig Übereinstimmung gibt es allerdings in der Frage, wie die Eigennamen der Vögel wiederzugeben sind; und die ‚Trümmer' sind in der Lutherbibel und in der Einheitsübersetzung Vögel! Auch von Dohlen ist zu lesen (wiederum Lutherbibel und Einheitsübersetzung). Besonders bemerkenswert ist die Wahl der ‚Trappe' in der Schlachter-Bibel. Trappen sind Vögel des offenen Graslands, zwei in Israel vorkommende Arten sind heute durch Habitatverlust und übermäßige Jagd selten. Auch zu besten Zeiten schien eine Trappe ein sehr unwahrscheinlicher Anblick auf der zerstörten Türschwelle eines assyrischen Hauses. Aber der klagende Ruf einer Eule, insbesondere das tiefe ‚u-hu' des Uhu (*Bubo bubo*), musste zweifellos einen düsteren Laut abgegeben haben, der die Trostlosigkeit einer zerstörten Stadt umso mehr hervorhob. Diese Eulen sind in Israel noch immer weitverbreitet. Ihren Ruf stoßen sie oft aus, wenn sie in der Abenddämmerung ihren Schlafplatz verlassen, um zu jagen. Der Ruf ist so laut, dass er in einer ruhigen Nacht 2-3 km trägt. Das musste leicht zu beeindruckende Menschen stark beeinflusst haben. Auch waren es nicht allein die Juden, die vom Ruf der Eule beunruhigt waren. In einer höhnischen Prophezeiung gegen Babylon, wo die Israeliten im Exil waren, rief Jesaja im Namen Gottes aus:

SUMPFOHREULE

> *Ich werde gegen sie aufstehen …*
> *und werde von Babel Namen und*
> *Überrest ausrotten, Nachkommen*
> *und Nachfahren – Spruch des HERRN.*
> *Ich mache es zum Besitz für die*
> *Eulen und zu Wassertümpeln …*

JESAJA 14,22-33

Zehn Eulenarten kennt man in Israel. Zumeist bewohnen sie trockenere Habitate, aber die Schleiereule (*Tyto alba*) und die Sumpfohreule (*Asio flammeus*) jagen üblicherweise über Sumpfland, sogar tagsüber, so dass sie die Aufmerksamkeit abergläubischer Menschen auf sich ziehen mussten.

Geier figurieren bei Verweisen auf den Tod an prominenter Stelle. Beispielsweise sagt Jesus seinen Jüngern gegen Ende seines irdischen Lebens, seine Wiederkunft werde offensichtlich sein:

> *Denn der Menschensohn kommt für alle sichtbar –*
> *wie ein Blitz, der im Osten aufzuckt und den ganzen*
> *Himmel erhellt. Dies wird so gewiss geschehen,*
> *wie sich die Geier um ein verendetes Tier scharen.*

MATTHÄUS 24,27-28

Jesus war vertraut mit dem Anblick sich versammelnder Geier. Sie verrichten die schmutzige Arbeit, nach dem Tod ‚aufzuräumen', beispielsweise am Ende einer blutigen Schlacht. Es ist faszinierend, dass Jesus ausgerechnet das Bild des Todes benutzt, angedeutet durch einen kreisenden Schwarm von Geiern, um zu zeigen, dass seine *lebendige* Wiederkehr ebenso wahrnehmbar sein wird.

Der preisgekrönte kanadische Naturkundeautor Wayne Grady nannte den Geier den „grässlichen Gourmet der Natur". Auch wenn Touristen auf Afrikasafaris erpicht darauf sein mögen, am Himmel kreisende Geier auf den Kadaver eines von einem Löwen gerissenen Zebras oder Gnus herabstoßen zu sehen, sind viele von ihnen entsetzt, wenn sie das Schauspiel aus der Nähe beobachten. Aber das ist nun einmal das Wesen von Geiern: Sie sind die ‚Müllmänner' der Natur. Sie übernehmen die wichtige Aufgabe, die Überbleibsel zu beseitigen, nachdem sich die Fleischfresser gesättigt haben, oder den Kadaver eines Tiers, das eines natürlichen Todes gestorben ist. Für Männer und Frauen, die ein naturnahes Leben führen, sind die Geier an den Müllgruben ihrer Dörfer seit Jahrhunderten gern gesehene Gäste. Diese Menschen sind nicht so zimperlich wie wir, die wir uns von ihrem Erscheinungsbild und ihrer Lebensart abschrecken lassen. Für uns mögen sie ‚grässliche Gourmets' sein; in vielen Teilen Indiens gibt es mittlerweile keine oder fast keine Geier mehr. Grund dafür ist ein Medikament, das Kühen verordnet wird, für Geier aber tödlich ist. Den Menschen wird nun klar, wie sehr sie sich auf diese Vögel verlassen hatten. Ähnliches mussten die Juden vor Jahrhunderten auch empfunden haben.

Die Tiere erwiesen den Menschen einen notwendigen Dienst; sie fraßen die Abfälle des für den Familientisch zubereiteten Fleisches und die Innereien, die am Opferaltar von Vögeln und sonstigen Opfertieren anfielen. Letzteres wissen wir mit Sicherheit, musste doch Abraham die Geier von seinem Altar vertreiben (Gen 15). Außerdem mussten die Israeliten, als sie im Exil in Ägypten waren, also lange bevor sie das Verheißene Land erreichten, Geier gekannt haben, sowohl den Gänsegeier (*Gyps fulvus*) als auch den nicht ganz so imposanten Schmutzgeier (*Neophron percnopterus*). Geier wurden auch ‚Hühner des Pharao' genannt, nachdem ein Pharao das Töten von Geiern unter Todesstrafe gestellt hatte. Er hatte erkannt, wie wichtig diese in einem heißen Land waren, wenn es darum ging, ein Gebiet sauber und hygienisch zu halten. Vor allem Moses musste im Palast damit vertraut geworden sein, wie man von diesen Vögeln dachte.

In den Beschreibungen in der Bibel hingegen werden Geier nicht als nutzbringend erachtet. Eine nach der anderen gelesen, scheinen die Schilderungen eher eine Sammlung all jener Episoden zu sein, in denen die

GÄNSEGEIER

VÖGEL | 127

Israeliten den Bund mit Gott und dessen Gebote brachen und zur Strafe von Feindes Hand Niederlagen hinzunehmen hatten. Diese tragische Geschichte begann nach dem Tod von Salomo, als das einst von ihm beherrschte Land zweigeteilt wurde, in das Königreich Israel im Norden und das Königreich Juda im Süden. Der Bund der Juden mit Gott ist detailreich – wie ein Versicherungsschein – im Buch Deuteronomium beschrieben worden. Die Segnungen für Gehorsam werden aufgelistet, gefolgt von Flüchen im Falle des Ungehorsams:

> DEUTERO-
> NOMIUM
> 28,25-26
>
> *Der Herr wird euch euren Feinden ausliefern.*
> *Sie werden euch in alle Himmelsrichtungen*
> *auseinanderjagen. Mit Grauen werden alle Völker*
> *der Welt euer Schicksal verfolgen. Eure Leichen*
> *wird man nicht begraben, sondern den Vögeln*
> *und wilden Tieren zum Fraß überlassen.*

Die letzten Worte sind interessant, weil sie die Gefühle der Juden in Bezug auf Raubvögel und insbesondere Geier beschreiben. Wenn es niemanden mehr gab, der die Vögel hätte verjagen können, würden die Leichname von den Vögeln entweiht, bevor sie betrauert werden oder ein ehrenvolles Begräbnis entsprechend dem vorgeschriebenen Ritual erhalten hätten können. Die Seele des Toten würde also nicht zu ewigem Leben auferstehen. Dieser Fluch entspricht genau dem, was sich unter der Herrschaft von Jerobeam (930-909 v. Chr.) zutrug. Der Prophet Ahija sagte über den König: „Du aber hast es schlimmer getrieben als jeder andere vor dir." (1 Kön 14,9) Deswegen verkündete der Prophet weiter:

> 1 KÖNIGE
> 14,11
>
> *Wer von euch in der Stadt stirbt, wird von*
> *Hunden zerrissen, und wer auf freiem Feld stirbt,*
> *über den werden die Raubvögel herfallen. Dies alles*
> *wird so eintreffen, denn der Herr hat es angekündigt!*

Diese Vögel waren sicher Raben, Milane und Geier. Interessant dabei ist, dass die Vögel dem Autor zufolge nicht in der Stadt sein würden. Rot- und Schwarzmilane sind wie Raben noch immer ein wohlbekannter Anblick in vielen Städten. Der Kolkrabe (*Corvus corax*), ganz schwarz und der größte der Rabenvögel, wird in vielen Ländern mit dem Tod in Verbindung gebracht, entweder, weil sein gellender Ruf an abgelegenen, trostlosen Orten ihn ankündigt, oder weil man den Vogel gesehen hat, wie er sich von Aas genährt hat. Er wird in verschiedenen Übersetzungen als „alle Raben mit ihren Arten" oder „der Rabe nach seiner Art" aufgeführt. Die Art, wie er in den Speisegesetzen behandelt wird, ist sehr zutreffend. Es ist ganz eindeutig ein unreiner Vogel, der sich von Aas, Insekten, Reptilien und Würmern ernährt, im Prinzip von fast allem Fressbaren. In Israel gibt es drei Arten: den gewöhnlichen Raben, der in der gesamten nördlichen Hemisphäre weitverbreitet ist, in Israel aber der seltenste der drei ist; den Wüstenraben (*Corvus ruficollis*), der ein gängiger Wüstenbewohner ist, und den kleinsten, den Borstenraben (*C. rhipidurus*), der verbreitet ist in der Region des Toten Meers, südlich von Eilat und in den gebirgigen Wüstengegenden der Sinai-Halbinsel. Einmal habe ich im Frühling zwei Borstenraben beobachtet, wie sie sich über Masada am Toten Meer zur Schau stellten. Ich sah zu, wie sie hinabstießen und sich in einer wundervollen Abfolge akrobatischer Bewegungen drehten und dabei deutlich ihre markante Silhouette mit dem kräftigen Schnabel und dem kurzen Schwanz zeigten. Der Autor der Sprüche beschreibt das als unrein geltende Verhalten des Raben überaus eindrucksvoll:

RABE

> SPRÜCHE 30,17
>
> *Wer spöttisch auf seinen Vater herabsieht und seiner Mutter nicht gehorchen will, dem werden die Raben die Augen aushacken …*

In der Geschichte von Noah hingegen wird der Rabe verblüffenderweise nicht als ‚unrein' betrachtet, war er doch der erste Vogel, den dieser von der Arche lossandte, um nach Land Ausschau zu halten.

> GENESIS 8,6-12
>
> *Nach vierzig Tagen tat Noah an der Arche das Fenster auf, das er gemacht hatte, und ließ einen Raben ausfliegen; der flog immer hin und her, bis die Wasser vertrockneten auf Erden. Danach ließ er eine Taube ausfliegen, um zu erfahren, ob die Wasser sich verlaufen hätten auf Erden. Da aber die Taube nichts fand, wo ihr Fuß ruhen konnte, kam sie wieder zu ihm in die Arche; denn noch war Wasser auf dem ganzen Erdboden. Da tat er die Hand heraus und nahm sie zu sich in die Arche. Da harrte er noch weitere sieben Tage und ließ abermals die Taube fliegen aus der Arche. Sie kam zu ihm um die Abendzeit, und siehe, sie hatte ein frisches Ölblatt in ihrem Schnabel. Da merkte Noah, dass die Wasser sich verlaufen hatten auf Erden.*

VÖGEL | 129

Aber er harrte noch weitere sieben Tage und ließ die Taube ausfliegen; sie kam nicht wieder zu ihm.

Der Rabe ist eine interessante Wahl. In der europäischen Folklore gilt er meist als unheilverheißender Vogel – so auch im 17. Jh., zur Zeit Shakespeares. In dessen Stück *Macbeth* spricht Lady Macbeth vom Raben, „der Duncans schicksalsvollen Eingang krächzt", also den Auftritt von König Duncan I. ankündigt, der später von Macbeth ermordet wird. Weniger bekannt ist, dass dem Raben ein ambivalenter Charakter zugeschrieben wurde, manchmal gut und manchmal böse. Wissenschaftler glauben, dass sich diese Ambivalenz historisch auf zwei Traditionen zurückverfolgen lässt, einerseits Judaismus und Christentum (das Gute) und andererseits Heidentum (das Schlechte). Wie auch immer die Menschen den Raben sahen, sie hielten ihn für einen übernatürlichen Vogel. Wenn er also, einmal freigelassen, „hin und her" flog, so hat es bei der ersten Lektüre zwar den Anschein, dass er nicht zu Noah in die Arche zurückkehrte und folglich auf dem Meer zugrundeging. Da es sich jedoch um ein Geschöpf mit übernatürlichen Kräften handelte, muss Noah geglaubt haben, er habe auf wundersame Weise überlebt, und dies war ein gutes Vorzeichen für ihn.

Das folgende prophetische Bild muss wohl auf Milane und Geier verweisen:

HABAKUK 1,8

Ihre Pferde sind schneller als Leoparden und wilder als Wölfe auf ihrer nächtlichen Jagd. Aus weiter Ferne stürmen ihre Reiter heran; sie fliegen herbei wie Adler, die sich auf ihre Beute stürzen.

Interessant ist nicht so sehr, dass der Prophet eine Beschreibung der sprichwörtlichen Schnelligkeit der Babylonier beim Angriff wiedergibt, sondern dass die Verse im *Habakuk-Kommentar* erwähnt werden. Dieser befand sich unter der ersten Gruppe von Schriftrollen, die 1947 zufällig in der Nähe von Qumran gefunden wurden und jetzt als *Schriftrollen vom Toten Meer* bekannt sind. Qumran war eine klosterartige Siedlung der Essener, einer jüdischen Sekte. Paläografische Tests und Radiokarbon-Untersuchungen deuten darauf hin, dass diese Rolle im 1. Jh. v. Chr. geschrieben wurde. Der Autor sagt von den Versen:

SCHRIFTROLLEN VOM TOTEN MEER

[Dies bezieht sich auf] *die Kittim, die das Land mit [ihren] Pferden und wilden Tieren zertrampeln. Sie kommen von fern, vom Meer her, um alle Menschen zu verschlingen wie ein unersättlicher Geier.*

Die Wissenschaft ist sich einig, dass der Kommentator sich hier auf die Römer bezieht (d. h. die Kittim), die von jenseits des Meeres kommen werden. Das taten sie auch, im Jahr 63 v. Chr., und einige Jahre später zerstörten sie Qumran. Etwa 500 Jahre, nachdem Habakuk dies geschrieben hatte, dachte

Rabe

ein Mitglied der Gemeinschaft der Essener noch immer, dass das Bild fressender Geier eine perfekte Beschreibung für den Feind sei. Er qualifiziert die Geier weiter als „unersättlich". Gänsegeier sind so riesig, dass ihr gieriges Fressverhalten, wenn sie sich um Nahrung drängen, besonders auffällig ist. Das Wort ist ein wertvolles Detail in dem ansonsten schlichten Kommentar, womöglich eine Verhaltensbeobachtung an dem Tier, die die antiken Autoren nicht beschrieben hatten.

Der Adler ist so tief in Religion, Mythologie und Ritualen vieler Weltgegenden verankert, v. a. in Europa, Nordamerika und dem Nahen Osten, dass sogar heute noch viele Menschen den Adler automatisch für den König der Vögel halten und jeden großen Raubvogel für einen Adler. Wir sprechen noch immer davon, dass jemand ein ‚Adlerauge' habe, wenn wir damit ausdrücken wollen, wie aufmerksam er ist. Das ist ein schwacher Widerhall des Wunderglaubens antiker Zeiten, wonach die Stärke einer Kreatur auf einen Menschen übergehen konnte.

Obwohl diese Vögel eine so wichtige Rolle im Leben der Juden spielten, ist in der Bibel manchmal unklar, ob ein Adler oder ein Geier gemeint ist, weil das Wort ‚nesher' für beide verwendet wird. Das ist nicht weiter verwunderlich, weil diese riesigen Vögel sich oberflächlich gesehen ähneln, vor allem wenn sie sich hoch in den Lüften über dem Beobachter befinden. Betrachtet man, wie das Verhalten des mit ‚nesher' bezeichneten Vogels beschrieben wird, wird jedoch oft klar, ob von einem Adler oder von einem Geier die Rede ist. Jagt das Tier lebendige Beute, so handelt es sich in der Regel um einen Adler. Vögel, die sich von Aas ernähren, können hingegen oft als Geier identifiziert werden. Heute gibt es hier keine Verwechslungsgefahr, weil man im modernen Hebräischen den Gänsegeier mit ‚nesher' bezeichnet und sämtliche Adler mit ‚ayit', ergänzt um ein beschreibendes Wort.

Die Hebräer waren Teil der Kultur des Nahen Ostens und hielten so wie auch ihre Nachbarn, die Babylonier, Assyrer und Hethiter Adler in hohem Ansehen. Später beschrieb der römische Gelehrte Plinius d. Ä. (23-79 n. Chr.), was viele dieser älteren Nationen über die Vögel dachten: „Unter den bekannten Vögeln ist der Adler der angesehenste und stärkste." Edward A. Armstrong, der Autor von *The Folklore of Birds*, betrachtet den Nahen Osten als das Zentrum, von dem aus Überlieferungen über Adler in andere Gebiete verbreitet wurden. Wir nennen den Adler den König der Lüfte, vielleicht ohne zu wissen, warum eigentlich. Die Hebräer wussten dies. Adler waren ein Symbol der Macht und sie wünschten sich, dass diese Macht auf sie übergehen und sie in die Lage versetzen würde, den Kampf mit ihren Feinden für sich zu entscheiden. Zu ihrem Leidwesen funktionierte das nicht immer so wie gewünscht.

Ein Psalm Davids beschreibt, wie die Juden über den Adler dachten, insbesondere die Männer:

PSALMEN 103,1-2.5

Ich will den Herrn loben von ganzem Herzen, alles in mir soll seinen heiligen Namen preisen! Ich will den Herrn loben und nie vergessen, wie viel Gutes er mir getan hat. Mein Leben lang gibt er mir Gutes im Überfluss, er macht mich wieder jung und stark wie ein Adler.

Steinadler

All diese Vorzüge – Versöhnlichkeit, gute Gesundheit, Liebe, Mitgefühl und Wohlbefinden – sollen die jugendliche Spannkraft eines Menschen wiederherstellen und ihn so unermüdlich stark machen wie den Adler. Der Autor der zweiten Hälfte des Buchs Jesaja brachte viele Jahre später dieselbe Idee zum Ausdruck:

JESAJA
40,29-31

Den Erschöpften gibt er neue Kraft, und die Schwachen macht er stark. Selbst junge Menschen ermüden und werden kraftlos, starke Männer stolpern und brechen zusammen. Aber alle, die ihre Hoffnung auf den Herrn setzen, bekommen neue Kraft. Sie sind wie Adler, denen mächtige Schwingen wachsen. Sie gehen und werden nicht müde, sie laufen und sind nicht erschöpft.

RAUBADLER

Ein von den biblischen Autoren besonders beachtetes Merkmal des Adlers, das zweifellos zu seinem Ruf als Inbegriff der Stärke beitrug, war sein Flug. Der Autor der Sprüche brachte das Erstaunen, das er wie viele andere empfand, auf den Punkt: Von den vier Dingen auf der Welt, die er nicht verstehe, sei das erste „der Flug des Adlers am Himmel" (Spr 30,19). Ob sich dies nun auf den Orientierungssinn des Tiers bezieht oder darauf, wie es ihm gelingt, so mühelos in der Luft zu bleiben, wissen wir nicht – doch wir können nachvollziehen, dass der Anblick schwer zu begreifen gewesen sein muss. Und wirklich ist es überwältigend, einen Adler auf unbeweglichen Schwingen weit über sich kreisen zu sehen oder auch zu beobachten, wie er herabstößt, um seine Beute zu fassen. Fliegen zu können wie ein Adler war etwas sehr Wünschenswertes und seine Schnelligkeit und Stärke waren die beiden Eigenschaften, welche die Juden am meisten bewunderten.

SPERBER

Auch bei den Verfassern des AT dürften die Adler ähnliche Empfindungen ausgelöst haben. Die tief verwurzelten Ansichten der Juden hinsichtlich der Kraft des Adlers gehen zurück auf ihre Auffassung von der Schöpfung. Das erste Kapitel der Genesis beschreibt, wie der Geist Gottes „über dem Wasser schwebte" (Gen 1,2). Dieses eindrucksvolle und majestätische Bild von Gott, wie er für seine Schöpfung sorgt, hatte Moses offenbar vor Augen, als er sein großes Loblied anstimmte.

Die Zeit, zu der es für die alten Hebräer am wahrscheinlichsten war, einen „Adler, der sich auf die Beute stürzt" (Hiob 9,26) zu sehen, war der Herbst, wenn sie in großer Zahl auf dem Weg zu ihren Winterquartieren in Ostafrika durch Palästina ziehen. Die Adler der Gattung *Aquila*, darunter der Steinadler (*Aquila chrysaetos*), gehören zu den größten. Zwei Arten sind in der Region heute besonders häufig, und es gibt keinen Grund zu der Annahme, dass dies früher anders gewesen wäre. In Kafr Kassem zählten Vogelbeobachter fast 142.000 Schreiadler (*A. pomarina*), die zwischen Ende August und Mitte Oktober 1983 südwärts zogen. Dieser Adler hat eine Flügelspanne von bis zu 168 cm. Sogar noch größer ist der Raubadler (*A. rapax*), dessen breite, dunkelbraune Schwingen eine Spannweite von bis zu 190 cm haben und der am Himmel einen beeindruckenden Anblick bietet. Auch ihn sieht man in großer Zahl bei der Wanderung. In Eilat in Südisrael wurden im Frühjahr 1977 etwa 29.000 der Tiere auf dem Flug gen Norden beobachtet. Angesichts der großen Anzahl an Adlern, die auf warmen thermischen Aufwinden dahinsegelten oder am Wegesrand jagten, ist es nicht verwunderlich, dass der Autor der Sprüche, vielleicht Salomo selbst, schrieb:

◦ SPRÜCHE 23,5 *Schneller, als ein Adler fliegen kann, ist dein Geld plötzlich weg …* ◦

VÖGEL | 135

MÄUSEBUSSARD

Einer der spektakulärsten Aspekte der Vogelwanderung durch das Heilige Land ist die ungeheure Zahl an Raubvögeln, nicht nur Adlern, die jedes Jahr im Frühjahr und im Herbst das Land durchqueren. Auch Falken und Habichte gehören dazu, insbesondere zwei Arten von Habichten: der Mäusebussard (*Buteo buteo*) und der Kurzfangsperber (*Accipiter brevipes*). Ersterer ist in neuerer Zeit im Frühjahr der meistverbreitete ziehende Greifvogel; an einem Tag im März 1980 wurden mehr als 100.000 Exemplare gezählt, wie sie über Eilat hinwegflogen. Im Herbst ist er nicht so häufig anzutreffen. Dafür migrieren im Herbst die Kurzfangsperber – sie ziehen in Schwärmen von Hunderten, wenn nicht Tausenden südwärts. Eine sehr offensichtliche Bezugnahme auf den Vogelzug findet sich in einer der Fragen, die Gott Hiob stellt:

> HIOB 39,26
>
> *Breitet der Falke seine Schwingen aus, um nach Süden zu fliegen, weil du den Wandertrieb in ihn gelegt hast?*

Ihren Höhepunkt erreicht die Wanderbewegung in der dritten Septemberwoche, in der in Kafr Kassem auf den Westhängen des zentralen Gebirgszugs an einem Tag zwischen 1.000 und 3.000 Exemplare gezählt wurden. Moderne Ornithologen entdeckten diese Route erst 1977, aber der Autor des Buchs Hiob dürfte darüber unterrichtet gewesen sein. Bei dem in Vers 26 genannten Falken hat es sich mit großer Wahrscheinlichkeit um einen Kurzfangsperber gehandelt. Ein von Wissenschaftlern in Eilat mit einem Ring versehenes Exemplar wurde zwei Jahre später in Rumänien lokalisiert. Obwohl wir gesehen haben, dass die antiken Vogelnamen die modernen Übersetzer oft vor Probleme stellen, gilt die Identifizierung dieses Vogels als ‚Falke' gesichert. Die Bibel kennt das Word ‚nets'; im modernen Hebräisch sind Falken allesamt ‚nets' (oder der Schreibweise einer modernen Vogelliste entsprechend ‚nez'), mit einem beigefügten qualifizierenden Adjektiv.

Die vielleicht großartigste aller Erwähnungen eines Adlers stammt aus den Sprüchen:

BARTGEIER

> SPRÜCHE 30, 18-19
>
> *Drei Dinge sind mir rätselhaft, und auch das Vierte ist für mich unbegreiflich: der Flug des Adlers am Himmel, das Schleichen der Schlange über einen Felsen, die Fahrt des Schiffes über das tiefe Meer und die Liebe zwischen Mann und Frau!*

Ich bin sicher, dass Adler für die Hebräer zum Alltag gehörten.

Ein weiterer Vogel aus der Liste der Vögel in Levitikus trägt auch die lateinische Bezeichnung ‚ossifragus' (‚Knochenbrecher'). Heute kennen wir ihn als Lämmergeier (*Gypaetus barbatus*). Er kommt in felsigen, gebirgigen Gegenden vor. Sein alter Name leitet sich von seiner Gewohnheit ab, einen Knochen aus einem Kadaver aufzuheben, bis zu etwa 80 m Höhe aufzusteigen und den Knochen auf den

VÖGEL

WANDERFALKE

Fels fallen zu lassen, wo er zerbricht, so dass der Vogel an das Knochenmark und kleine Knochensplitter gelangt, die 70 % seiner Kost ausmachen. Mittlerweile haben die Bestände – ähnlich wie jene anderer Geier – abgenommen, so dass der Lämmergeier in der judäischen Wüste und der Wüste Negev selten geworden ist. Noch Henry Baker Tristram berichtete von Brutgebieten nahe dem See Genezareth („die meisten Schluchten sind von einem Pärchen bevölkert"). Moderne Übersetzungen geben ‚peres' als ‚Geier' wieder, aber nicht speziell als Lämmergeier. Sein Erscheinungsbild, seine Seltenheit in Europa und seine Gewohnheiten machen ihn zu einem Vogel, auf dessen Sichtung Vogelbeobachter heute besonders erpicht sind. Der Lämmergeier ist in Israel auch heute noch als ‚peres' bekannt.

Mit der Auflistung des ‚Milans' begegnen wir einem weiteren Vogel, der sich von Aas ernährt. Der attraktiv gefärbte Rotmilan *Milvus milvus* war Henry Baker Tristram zufolge einst verbreitet, ist nun aber selten und nur auf dem Durchzug zu beobachten. Der Schwarzmilan (*M. migrans*) ließ sich bis zu den 1960er Jahren recht häufig zum Brüten nieder, aber heutzutage findet man nur noch einzelne Paare im Norden der Region. Er ist in Europa (mit Ausnahme Großbritanniens und Skandinaviens) sowie in Asien weitverbreitet und als Zugvogel vor allem im Frühjahr und Herbst gut zu beobachten. Dies ist der Vogel, der sich im Osten in großer Anzahl um Müllhalden versammelt. Auch wenn es außerhalb der Liste aus Levitikus keine Bezugnahme auf ihn gibt, können wir aus seinem Nahrungssuchverhalten schließen, warum die Milane als ‚unrein' gelten mussten. Seine Identität scheint sicher – das verwendete hebräische Wort ist ‚daah' oder ‚dayyah' und im modernen Hebräischen ‚daya mezuya' für den Schwarzmilan (andere Milane sind ‚daya', ergänzt um ein beschreibendes Wort).

Auf andere Habichtartige, Bussarde und Falken wird in der Heiligen Schrift nur selten Bezug genommen. Hiob schreibt in Kapitel 28 ein Gedicht, in dem er die Frage zu beantworten sucht: „Woher also kommt die Weisheit?" Er macht verschiedene Vorschläge und schreibt dann:

Ja, sie ist dem menschlichen Auge verborgen, und auch die Raubvögel erspähen sie nicht.

Rotmilan

Vögel | 139

Falken haben eine phänomenale Sehkraft. Die Weisheit aber ist so schwierig zu finden, dass sie nicht einmal ein Falke ausmachen kann. Es gibt elf Falkenarten auf der israelischen Liste. Am weitesten verbreitet ist der Turmfalke (*Falco tinnunculus*), der gerne über dem Wegesrand schwebt und nach einer Wühlmaus oder einem großen Käfer Ausschau hält. Der vielleicht eindrucksvollste Falke ist der Wanderfalke (*F. peregrinus*), ein auf Tauben spezialisierter Jäger. Wenn er herabstößt, um seine Beute zu erlegen, wurden Spitzengeschwindigkeiten von mehr als 300 km/h gemessen. Damit ist er einer der schnellsten, wenn nicht der schnellste Vogel der Erde. In neuerer Zeit haben seine Bestände in Israel wie in vielen Ländern aufgrund der Verwendung von Pestiziden abgenommen. Bis in die 1950er Jahre brütete er auf dem Berg Karmel. Heutzutage ist er als Zugvogel recht häufig zu beobachten. Möglicherweise war es dieser Falke, der Hiob so beeindruckte.

Die Aufnahme des Fischadlers (*Pandion haliaetus*) in die Liste aus Levitikus ist eine Überraschung, sofern die Identifizierung korrekt ist. Er ernährt sich fast ausschließlich von Fischen und bietet einen spektakulären Anblick, wenn er herabstößt, um mit ausgestreckten Krallen einen Fisch zu ergreifen. Doch das Gesetz hält eindeutig fest: „Alles, was Flossen und Schuppen hat im Wasser, im Meer und in den Bächen, dürft ihr essen." Fische sind nicht unrein. Der Fischadler scheint also zusammen mit den Fleischfressern aufgeführt worden zu sein, weil er Blut, den Lebenssaft der Fische, zu sich nimmt. Nur wenige Exemplare nisten heute noch in Israel, und auch als Zugvogel ist er selten geworden.

Die letzte Bezugnahme auf Raubvögel findet sich im letzten Buch der Bibel. Die Vision des Hl. Johannes wurde niedergeschrieben, als sich die Christen gegen Ende des 1. Jh. n. Chr. Verfolgungen durch die Römer ausgesetzt sahen. Johannes sieht die Vier Apokalyptischen Reiter, die erstmals vom Propheten Sacharja beschrieben wurden. Als er das Weiße Pferd und seinen Reiter erblickt, das Symbol der Eroberung, erscheint auch ein Engel:

> OFFEN-
> BARUNG
> 19,17-21
>
> *Mit lauter Stimme rief er allen Vögeln zu, die hoch am Himmel flogen: „Kommt her! Versammelt euch zum großen Festmahl, das Gott bereitet hat. Stürzt euch auf das Fleisch der Könige, der Heerführer und aller Mächtigen dieser Erde. Fresst das Fleisch der Pferde und ihrer Reiter, das Fleisch der Herren und der Sklaven, der Großen und der Kleinen." … Und alle Vögel fraßen sich satt an ihrem Fleisch.*

So tritt also der ‚grässliche Gourmet der Natur' in den todbringenden Militärkampagnen auf, welche die Israeliten in ihre Kämpfe gegen Ägypter, Assyrer, Babylonier und Römer verstrickten.

Der Verfasser der Offenbarung verstand die grausame Verfolgung durch die Römer sehr gut, immerhin schrieb er das Buch im Exil auf der Insel Patmos und bediente sich dabei des ‚Codes' der apokalyptischen Literatur, der den Juden vertraut war, dessen wahre Bedeutung den Römern aber entgehen musste. Johannes hat eine Vision des himmlischen Throns, um den versammelt sind:

Schwarzmilan

Männlicher (links) und weiblicher Rötelfalke, Sommerbesucher in Israel

OFFEN-BARUNG 4,5-7

vier mächtige Lebewesen, die überall mit Augen bedeckt waren. Die erste dieser Gestalten sah aus wie ein Löwe, die zweite glich einem Stier; die dritte hatte ein Gesicht wie ein Mensch, und die vierte glich einem fliegenden Adler.

Im Zuge der zunehmenden Etablierung der christlichen Kirche hat es sich eingebürgert, dass das Wort Gottes in Kirchen am Pult gesprochen wird. Oftmals besteht dieses im oberen Teil aus einem hölzernen oder bronzenen Adler, auf dessen ausgestreckten Flügeln die Bibel aufliegt. In der bildenden Kunst werden die vier Evangelisten seit Jahrhunderten durch bestimmte Symbole dargestellt: Matthäus als geflügelter Mensch; Markus als geflügelter Löwe, Lukas als geflügelter Stier und Johannes – als Adler.

Levitikus erwähnt auch Reiher als unreine Vögel, wahrscheinlich, weil sie das Lebensblut ihrer Beute vergießen, auch wenn sie Fisch als Nahrung bevorzugen, der ja nicht unrein ist. Zur Familie der Reiher gehört auch die Gattung *Egretta*. Sie nistet in Kolonien, wobei manche Arten vor allem während des Vogelzugs im Frühjahr und Herbst zu beobachten sind, während andere als dauernde Bewohner der Region gelten. Die heute verbreitetste Art ist der Seidenreiher (*Egretta garzetta*), den man leicht sichten kann. Er nimmt seine Nahrung in bewirtschafteten Gebieten auf, wo er ‚unreine'

KUHREIHER

VÖGEL | 143

Heiliger Ibis

Insekten, Frösche und kleine Fische erbeutet. Am zweithäufigsten ist der Kuhreiher (*Bubulcus ibis*), der nun – seit den frühen 1950er Jahren – auch im Land brütet, während er früher nur den Winter in Israel verbrachte. Auch er ernährt sich von ‚unreinen' Geschöpfen, die vom landwirtschaftlichen Nutzvieh aufgescheucht werden, wie der Name bereits andeutet. Der Rallenreiher (*Ardeola ralloides*) ist ein weiteres kleines Mitglied in der Familie der Reiher; in Israel ist er meist als Durchzügler anzutreffen, wobei insbesondere von März bis April und im September Hunderte das Land durchqueren und Rast machen, um in den Feuchtgebieten Nahrung aufzunehmen. In Israel als brütend registriert wurde er erst 1959.

Verweise auf Vögel, die verzehrt wurden, finden sich in der Bibel kaum. Weisheit und Reichtümer Salomos waren weithin bekannt, wie der Besuch der Königin von Saba bezeugt. Was vielleicht weniger bekannt ist, ist die Tatsache, dass Salomo einen großen Teil von seinem Reichtum darauf verwandte, seinen gesamten Haushalt, seine Bediensteten, seine Hofbeamten und deren Familien zu ernähren. Die tägliche Versorgung all dieser Menschen war eine gewaltige Aufgabe für seine Statthalter. Sie mussten sicherstellen, dass jeden Tag genügend Nahrungsmittel verfügbar waren:

> 1 KÖNIGE 5,2-3
>
> *etwa 4 Tonnen feines Weizenmehl und 8 Tonnen anderes Mehl, 10 gemästete Rinder, 20 Rinder von der Weide und 100 Schafe. Dazu kamen noch Hirsche, Gazellen, Rehe und gemästetes Geflügel.*

Nun könnte man annehmen, dass wir neben der Liste in Levitikus mit zum Verzehr verbotenen Vögeln auch eine solche mit für die Tafel geeigneten Vögeln finden würden und irgendwo nachlesen könnten, was für ein „gemästetes Geflügel" genau Salomo nun eigentlich aß. Aber dem ist nicht so. Herauszubekommen, welche Vögel in biblischen Zeiten überhaupt auf der Speisekarte standen, ist echte Detektivarbeit.

Historiker sind sich einigermaßen sicher, dass unser ‚Huhn' vom Bankivahuhn (*Gallus gallus*) aus den Wäldern Südostasiens abstammt. Frühe Zivilisationen im Indus-Tal hatten dieses um ca. 2500 v. Chr. domestiziert. Bis 1500 v. Chr. soll sich der wertvolle Vogel gen Norden bis nach China und gen Westen bis Ägypten verbreitet haben, Letzteres in Form von Tributzahlungen der Babylonier an Pharao Thutmosis III. Salomo regierte in Palästina von 970–930 v. Chr. Was wir also als Hühnchen kennen, könnte sich tatsächlich auf seinem Tisch befunden haben, denn als die Königin von Saba sah, „welche ausgefallenen Speisen und Getränke auf der königlichen Tafel standen … da verschlug es ihr vollends den

BLÄSSGANS, ROTHALSGANS UND GRAUGANS, ÄGYPTISCHE WANDMALEREI, CA. 2600 V. CHR.

Atem" (1 Kön 10,5); sein Speiseplan muss also opulent und erlesen gewesen sein. Aus schriftlichen Zeugnissen und von Wandmalereien wissen wir sehr gut, dass die Ägypter Gänse in Fallen lockten und mästeten. Salomo mochte ihr Beispiel nachgeahmt haben. Zuweilen findet sich eine etwas eigenwillige Interpretation des hebräischen Worts ‚barburim', das hier als ‚Geflügel' übersetzt wurde: Hinter dem ‚gemästeten Geflügel', so die Annahme, verberge sich der Kuckuck (*Cuculus canorus*), von dem man glaubt, dass sein charakteristischer Ruf im hebräischen Wort nachgeahmt werde. Er galt in der Antike als Delikatesse. Die Tiere ziehen von Europa und Südwestasien kommend auf ihrem Weg nach (und von) Südafrika durch Palästina. Aber die Statthalter Salomos konnten sie unmöglich als Teil des *täglichen* Speiseplans des Königs besorgt haben. Eine realistischere Alternative wären Perlhühner. Sie sind heute weitverbreitet in den Savannen Afrikas südlich der Sahara. Ihre Domestizierung im antiken Griechenland ist belegt und die Römer setzten diese Praxis fort; ein römisches Mosaik in Zypern zeigt eindeutig ein Helmperlhuhn (*Numida meleagris*), denselben grauen Vogel mit weißen Sprenkeln, den man heute zuweilen geräuschvoll über einen Bauernhof streifen sieht. Die Art hatte in der Antike, als die Sahara noch nicht so ausgedehnt war, vermutlich ein weiter nördlich gelegenes Verbreitungsgebiet und es ist gut möglich, dass sie Jahrhunderte zuvor ein bevorzugtes Essen der Reichen abgab, sogar in Israel.

Von den Israeliten wissen wir, dass sie Vogelfallen stellten, höchstwahrscheinlich für sich am Boden ernährende Arten wie Tauben, Rebhühner und Wachteln. Es gibt mehrere Bezugnahmen auf den Gebrauch von Netzen und Schlingen – in den folgenden Zitaten zugegebenermaßen zumeist, um zu illustrieren, wie leicht ein sündhafter oder achtloser Mensch sich erwischen lässt. Doch um derart lebendige Bilder schaffen zu können, müssen die Autoren auch Erfahrungen aus erster Hand damit gehabt haben:

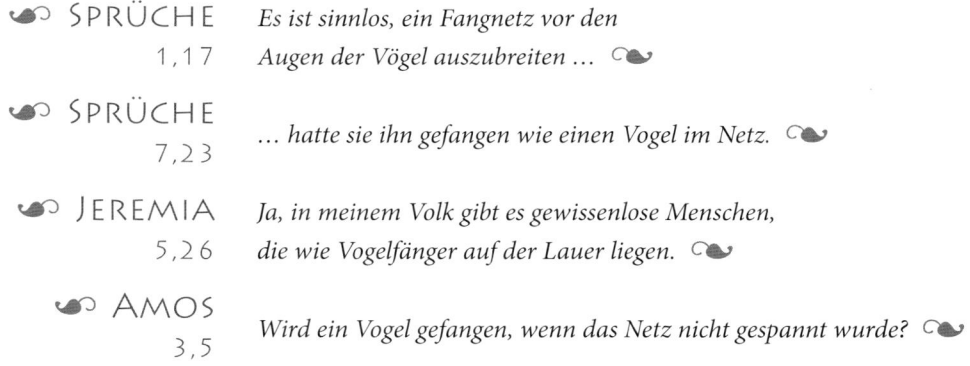

> SPRÜCHE 1,17 — *Es ist sinnlos, ein Fangnetz vor den Augen der Vögel auszubreiten …*

> SPRÜCHE 7,23 — *… hatte sie ihn gefangen wie einen Vogel im Netz.*

> JEREMIA 5,26 — *Ja, in meinem Volk gibt es gewissenlose Menschen, die wie Vogelfänger auf der Lauer liegen.*

> AMOS 3,5 — *Wird ein Vogel gefangen, wenn das Netz nicht gespannt wurde?*

Die letzte Stelle scheint sich auf etwas zu beziehen, was wir heute als Klappnetz kennen. Vogelfänger und Ornithologen, die einen Kennring am Fuß eines Vogels anbringen wollen, verwenden diese Gerätschaft bis in unsere Zeit. Dieses Netz war in Ägypten populär, also wahrscheinlich auch in Palästina. Es wurde auf dem Boden auf einer Fläche von acht Quadratmetern oder mehr ausgelegt und auf ein Signal hin geschlossen, indem man an einem Strick zog.

Felsentaube

Die in Israel verbreiteten Wildtauben, von denen man annehmen kann, dass sie in biblischen Zeiten in Schwärmen auftraten, sind die Felsentaube (*Columba livia*, Vorläufer unserer wildlebenden Stadttaube), die Hohltaube (*C. oenas*), die Ringeltaube (*C. palumbus*) und die Turteltaube (*Streptopelia turtur*). Zur Zeit von Henry Baker Tristram und zweifellos auch schon Jahrhunderte zuvor war die

HOHLTAUBE

gesellige Felsentaube zu Tausenden in Jericho zu sehen, zu Hunderten nahe Hebron und für die Region von Nahal Amud ließ sich „mit Worten allein kaum ein Eindruck davon vermitteln, wie viele es sind". Heute ist sie weit weniger verbreitet. Hohl- und Ringeltauben sind in Palästina hauptsächlich Wintergäste, manchmal in Schwärmen von Hunderten von Individuen – genau das, worum die israelitischen Vogelfänger gebetet haben mochten. Zwei weitere Tauben, die heute in Israel verbreitet sind, sind die Türkentaube (*Streptopelia decaocto*) und die Palmtaube (*S. senegalensis*). Auch wenn diese zwei kleinen, zutraulichen Stadttauben heute für Besucher und Pilger ein vertrauter Anblick sind, können sie nicht von den Israeliten gejagt worden sein, weil sie erst in nachbiblischen Zeiten in Israel ankamen. Mit der wandernden Turteltaube verhält es sich anders. Sie ist (und war dies, soweit wir wissen, auch immer) ein verbreiteter Sommergast – im April habe ich im Jordantal binnen drei Minuten etwa 200 der Tiere auf dem Draht von Telegrafenmasten am Straßenrand gesehen und viele habe ich von Jerusalem bis Caesarea Philippi ihr gurrendes Lied vortragen hören. Tauben mussten gut für den menschlichen Verzehr geeignet gewesen sein, doch nur die Turteltaube wird explizit erwähnt.

Vier Mitglieder der Familie der Fasanenartigen sind als Wildgeflügel noch immer beliebt und mussten sicherlich die Aufmerksamkeit von palästinensischen Vogeljägern und Eiersammlern auf sich gezogen haben; es handelt sich um das Chukarhuhn (*Alectoris chukar*), das Arabische Sandhuhn (*Amnoperdix heyi*), den Halsbandfrankolin (*Francolinus francolinus*) und die Wachtel (*Coturnix coturnix*). Das Erste ist heute vor allem in Obstplantagen, auf Ackerland und auf offenem Gelände anzutreffen. Das Zweite ist lokal im Jordantal verbreitet, in felsigen Gegenden südlich des Sees Genezareth und bis hin zur Wüste Negev. Der Frankolin des Jordantals ist ein Vogel, der dichte Vegetation bevorzugt, ob nun auf Kulturflächen oder auf unbebautem Land. Die Wachtel ist als Zugvogel im Frühjahr und Herbst in großer Anzahl auf dem Durchflug und bleibt manchmal auch zum Brüten. Es ist ein kleiner, nur 16-18 cm langer Vogel, der sich gern auf Weideland oder – bevorzugt – im wilden Grasland versteckt, sich jedoch durch seinen aus drei Tönen bestehenden Ruf verrät. Es gibt zwei Geschichten im AT, die die wundersame Ankunft vieler Wachteln nacherzählen, gerade als die Israeliten sich bei Moses beklagten: „Niemand gibt uns Fleisch zu essen!" Die erste findet sich in Exodus 16 und die zweite in Numeri 11. Es scheint eine ungewöhnliche, ja, unmögliche Begebenheit. Jedoch ist die Wachtel das einzige migrierende Mitglied der Familie der Fasanenartigen, das in Europa und im Nahen Osten brütet; sie wandert nach Süden, um südlich der Sahara zu überwintern, und sogar heute ist sie in manchen Jahren entlang der Mittelmeerküste extrem häufig. Man weiß, dass sie in der Vergangenheit in man-

Ringeltaube, Jungtier hinter erwachsenem Tier

chen Gegenden in Schwärmen von mehreren tausend Exemplaren angelangt ist. Die Wachtel wird auch in unserer Zeit als Fleischlieferant geschätzt und die Zahl der Vögel in einem Schwarm bewegt sich heute eher im zweistelligen Bereich. Noch zwischen 1920 und 1930 haben die Ägypter während der herbstlichen Wanderzüge bis zu eine Million jährlich gefangen. Die Israeliten haben in der Wüste sicherlich ein großes Festmahl mit Wachteln genossen!

TURTELTAUBE

Im Gespräch des jungen David mit König Saul findet sich eine sehr aufschlussreiche Beschreibung der Jagd. David war vor Sauls blindwütiger Eifersucht auf der Flucht und hatte die Möglichkeit, ihn zu töten, tat dies jedoch nicht; denn, wie er sagte: „Keiner kommt ungestraft davon, der sich an dem König vergreift, den der Herr auserwählt hat." (1 Sam 26,9) David rief Sauls Wache an und Saul hörte ihn und rief ihn zu sich. David fragte, warum Saul ihm nachstelle und worin seine Schuld bestehe. Schließlich sagte er: „Wie man zur Rebhuhnjagd in die Berge geht, so jagt der König von Israel einem Mann nach." (1 Sam 26,20) Damit deutete David an, dass sich der König durch die fanatische Verfolgung eines unschuldigen Mannes zum Narren mache. Seine Redewendung suggeriert eine große Jagdgesellschaft, die auszieht, um ein sehr kleines Beutetier zu fangen. Am wahrscheinlichsten ist es, dass David das Arabische Sandhuhn vor Augen hatte, das in der Senke des Toten Meers heimisch ist, wo sich David befand. Die Spezies wird auf Hebräisch noch immer ‚qore' genannt, genau das Wort, das in den Geschichten des AT gebraucht wird. Die Art wird noch immer aus kulinarischen und sportlichen Gründen gejagt.

Der Prophet Jeremia ist der einzige andere Autor, der das Rebhuhn nennt, und zwar in einem ziemlich eigenartigen Sprichwort:

SANDHUHN

> **JEREMIA 17,11**
> Wer auf unehrliche Weise zu Reichtum gekommen ist, gleicht einem [Rebhuhn], [das] Eier ausbrütet, die [es] nicht gelegt hat.

Rebhühner sind eigentlich – anders als der nahe verwandte Fasan (*Phasianus colchicus*), sehr gute Eltern. Sie stehlen keine Eier und legen ihre Eier auch nicht in fremde Nester wie der Kuckuck. Das Sprichwort muss wohl daher rühren, dass man sich ein derart großes Gelege nicht erklären konnte. Ornithologen haben Feldhühner untersucht und wissen, dass etwa ein Chukarhuhn um die 8-15 Eier legt. Auch bis zu 20 sind keine Seltenheit und Henry Baker Tristram entdeckte gar ein Nest mit 26. Das Chukarhuhn ist heute in ganz Israel mehr oder minder stark verbreitet, man findet es auf Feldern, in Obstgärten, Hainen und allen Arten von offenem Gelände. Es ist ein sehr guter Kandidat für den Vogel bei Jeremia. In anderen Bezugnahmen wird keine Art genannt, aber man merkt, dass die Israeliten sehr gut über die Nester von Wildvögeln unterrichtet waren und ihre Eier als Nahrungsmittel herausnahmen. In den Worten des Propheten beschreibt Gott, wie er die Assyrer vernichten wird:

> **JESAJA 10,14**
> Wie man Vogelnester ausnimmt, so habe ich den Reichtum der Völker zusammengerafft. Alle Länder habe ich eingesammelt wie Eier aus einem verlassenen Nest. Keiner hat es gewagt, auch nur mit den Flügeln zu schlagen, sie haben den Schnabel gehalten und keinen Pieps von sich gegeben.

Dass die Bibel kaum Bezugnahmen auf Vogel*gesang* enthält, scheint wenig überraschend, denn, wie Alice Parmelee in ihrem Maßstäbe setzenden Buch *All the Birds of the Bible* (1959) bemerkte: „Nicht viele Menschen nehmen Vogelgesang wahr, obwohl er da ist, weil sie nicht darauf ‚eingestimmt' sind." Im Frühjahr hört man in Palästina reichlich Vogelgesang, auf den Feldern, in den Hügeln, am Fluss Jordan und sogar in den Dörfern und Städten. Allein an den ersten zwei Tagen eines Jerusalemaufenthalts Mitte April hörte ich Palmtauben gurren und Mauersegler bei ihren Balzflügen rufen und wurde Zeuge, wie die reich modulierten, flötenartigen Laute der Gelbsteißbülbüls über die Dächer von Jerusalem trugen. Eine Kohlmeise sang im Garten von Gethsemane ihr „zizibäh, zizibäh", und im belaubten Heiligtum des Gartengrabs sangen eine Amsel, ein Grünfink und ein Jerichonektarvogel – Letzterer in einem blühenden Judasbaum. Es muss in der Zeit reichlich Vogelgesang gegeben haben.

Leider gibt es nur eine einzige andere Bezugnahme auf Vogelgesang in der Bibel, von der wir weiter oben bereits in einer anderen Übersetzung gelesen haben:

> **HOHESLIED 2,11-12**
> Denn vorbei ist der Winter, verrauscht der Regen.
> Die Blumen erscheinen im Land,
> die Zeit zum Singen ist da.
> Die Stimme der Turteltaube ist zu hören in unserem Land.

Mit diesen Worten wendet sich die Liebende an den Geliebten. Er antwortet mit einem weiteren, zärtlichen Bild einer Taube:

HOHESLIED 2,14

*Versteck dich nicht wie eine Taube im Felsspalt,
bleib mir nicht fern! Zeig mir dein schönes Gesicht
und lass mich deine wunderbare Stimme hören!*

Die Liebenden waren sicherlich sowohl mit dem besänftigenden, gurrenden Lied einer Turteltaube als auch mit dem ‚süßen' Gurren der Felsentaube vertraut.

In einer sehnsuchtsvollen Hymne eines Autors, dem während der Verwüstung Judas durch Sanherib im Jahr 701 v. Chr. (2 Kön 18) der Zugang zum Tempel verwehrt war, lesen wir Folgendes:

PSALMEN 84,2-4

*Herr, du allmächtiger Gott, wie sehr liebe ich den
Ort, wo du wohnst! Ich kann es kaum noch erwarten,
ja, ich sehne mich danach, in die Vorhöfe deines
Tempels zu kommen! Mit Leib und Seele juble ich
dir zu, du lebendiger Gott! Sogar die Vögel haben
hier ein Nest gebaut, die Schwalben sind hier
zu Hause – in der Nähe deiner Altäre ziehen
sie ihre Jungen groß. Herr, du allmächtiger Gott,
du bist mein König und mein Gott!*

RAUCHSCHWALBE

Der Autor dieser Zeilen, vermutlich ein Levite, der normalerweise den Tempeldienst versehen hätte, ist bekümmert, weil er den Tempel nicht betreten kann, diesem zugleich aber nahe genug ist, um die Vögel beobachten zu können, die sehr wohl Zugang dazu haben. Oder aber er spricht hier aus der Erinnerung – dass die Vögel „zu Hause" sind, betont seine Verzweiflung. Sowohl der Haussperling (*Passer domesticus*) als auch die Rauchschwalbe (*Hirundo rustica*, die wir normalerweise einfach ‚Schwalbe' nennen) nisten in Gebäuden; Haussperlinge sind oft in lockeren Verbänden zu finden, in Mauerlöchern oder unter Dachschindeln. Für eine Schwalbe in freier Wildbahn typisch wäre ein Höhleneingang, wo sie ihr Lehmnest an einem Felsvorsprung anbringt. Seit jeher nisten Schwalben aber auch in von Menschenhand geschaffenen Bauwerken wie Scheunen, Brücken, Kirchenportalen und Schuppen – oder eben einem Tempel. Der Psalmist könnte entweder eine Rauchschwalbe oder eine Rötelschwalbe (*H. daurica*) gesehen haben oder beide, denn beide nisten üblicherweise in Gebäuden und sind im Heiligen Land im Sommer noch immer weitverbreitet.

In Kapitel 28 führt Jeremia vier Vögel auf. Der vierte hebräische Name ist ‚sus'. Dies wurde in der Vergangenheit als ‚Schwalbe' wiedergegeben. Aber Jeremia bringt recht unmissverständlich zum

Ausdruck, dass der gemeinte Vogel ein Zugvogel ist und auffälliger als Schwalben, die in Israel überwintern. Henry Baker Tristram entdeckte, dass ortsansässige arabische Jungen die Mauersegler (*Apus apus*), die zu Hunderten den Berg Karmel und die umgebenden Städte und Dörfer umsegelten, als ‚sis' bezeichneten. Begleitet von schreienden Ausrufen, sind die dramatischen Verfolgungsjagden von balzenden Seglern durch die Lüfte ein spektakulärer Anblick. Diese schwarzen, verwegenen Vögel ließen keinen Zweifel aufkommen, was für sie die ‚rechte Zeit' war. Heutzutage sind die vier Arten von Seglern, die in Israel dokumentiert sind, noch immer als ‚sis' (plus einem beschreibenden Wort für jede Art) bekannt. Der Mauersegler brütet in kleinen Kolonien unter den Dachtraufen von Häusern, in Mauerlöchern oder hinter Fensterläden, in einer sicheren Entfernung über dem Boden. Der Einfarbsegler (*A. unicolor*) ist ein weniger weit verbreiteter Sommergast in Israel. Er nistet nur in Höhlen und Felsspalten, beispielsweise im Negev oder auf den Golanhöhen. Wer heute im Frühjahr Jerusalem, Nazareth oder Tel Aviv besucht, kann nicht umhin, diese dunklen, spektakulären Vögel zu bemerken, manchmal beide Arten zusammen in durchziehenden Schwärmen. Auch Jeremia musste sie beobachtet haben.

RÖTELSCHWALBE

Die letzte Erwähnung eines rufenden oder singenden Vogels in der Bibel, die wir hier anführen wollen, ist ungewöhnlich. Unter den vielen Fragen, die Gott Hiob stellt, sind auch solche über das große Meerestier, das er Leviathan nennt, wobei eine seiner Fragen lautet:

> HIOB 41,5 *Spielst du mit ihm wie mit einem Vogel und bindest ihn für deine Mädchen an?*

Dies ist der einzige Verweis auf Vogelkäfige in der Heiligen Schrift, doch er bietet einen faszinierenden Einblick in das damalige Alltagsleben in Palästina. Obwohl die Bibel nicht viel über die Freude sagt, die Menschen beim Hören von Vogelgesang empfinden, impliziert diese eine Frage, dass in Käfigen gehaltene Vögel in antiken Zeiten ein vertrauter Anblick waren. Andere, weit zurückreichende historische Aufzeichnungen erwähnen sie ebenfalls. Hiskija, König von Juda, wurde im 7. Jh. v. Chr. in Jerusalem belagert wie ein „Vogel im Käfig". Auch andere Völker im Mittelmeerraum hielten Vögel in Käfigen, wie 2.500 Jahre alte griechische Vasen zeigen. Jeder, der in letzter Zeit einen Urlaub in Griechenland verbracht hat, wird kleine Käfige von den Hauswänden hängen haben sehen, vielleicht mit einem Kanarengirlitz (*Serinus canaria*), so wie wir ihn auch zuhause halten würden, oft aber auch mit einem Stieglitz (*Carduelis carduelis*) oder einem Gimpel (*Pyrrhula pyrrhula*). Der palästinensische Gelbsteißbülbül ist nicht so wunderschön gefärbt, weist dafür aber eine hübsche Zeichnung auf. Die weißen Augenringe heben sich vom schwarzen Kopf ab und das kräftige Gelb unter dem Schwanz steht in starkem Kontrast zum ansonsten graubraunen Gefieder. Ein mitteilsamer Vogel! Sein flötengleicher Gesang wird durch ein breites Spektrum an Rufen ergänzt, mit denen er andere Arten nachahmt. Er ist eine bemerkenswerte Erscheinung, was den Vogelgesang in Palästina angeht, und es könnte sehr gut die Art sein, die Gott in obigem Zitat vorschwebte.

Mehrfach wurde in diesem Buch Henry Baker Tristram erwähnt. Zum Abschluss dieses Kapitels wollen wir diesen ehrenwerten Gelehrten des 19. Jhs. würdigen, der als einer der ersten Menschen ausführlich über das Tierleben des Heiligen Landes schrieb. Heute erinnert man sich seiner in der Region vor allem durch zwei Vögel. Der Zederngirlitz (*Serinus syriacus*) oder auf Englisch Tristram's Serin ist ein naher Verwandter des Kanarienvogels und hat einen entsprechenden Gesang. Er brütet im Allgemeinen auf dem Hermon, wo der Überlieferung zufolge die Verklärung Jesu stattgefunden hat (vgl. Mt 17, Mk 9, Lk 9). Der andere Vogel ist der Tristramstar (*Onychognathus tristrami*), den die Juden heutzutage ‚Tristramit' nennen. Er ist ein Verwandter des Gemeinen Stars (*Sturnus vulgaris*). Seine Verbreitung auf der arabischen Halbinsel ist begrenzt und in neuerer Zeit hat er sich nach Norden in die Gegend nahe Jericho ausgebreitet. Heute können ihn Pilger im Heiligen Land von Nahem beobachten, wie ich das auch getan habe, und zwar bei der Festung von Masada, die das Tote Meer überblickt. Die Essener, eine jüdische religiöse Sekte, hatten eine klosterartige Siedlung in Qumran nördlich von Masada. Manche Gelehrte sagen, Johannes der Täufer und Jesus seien mit ihnen in Verbindung gestanden. Wer weiß, ob die Cousins nicht diese auffälligen rotflügeligen Vögel gesehen haben.

Kapitel VI
ANDERE TIERE

Zu Anbeginn der Welt, so lesen wir in der Genesis, dem ersten Buch der Bibel, schuf Gott Vögel und alle Arten von Tieren. Tatsächlich ist die Schlange das erste Geschöpf, das in der Bibel genannt wird. Die deutsche Sprache ist reich an Bezeichnungen für Vertreter dieser Familie – Otter, Viper, Kobra, Natter usw. Wenn wir dann in der Bibel von diesen Reptilien lesen, entdecken wir, dass in einschlägigen Quellen neben dem Gattungsbegriff sieben hebräische Wörter für dieses Tier aufgeführt werden, was eine Übersetzung nicht eben vereinfacht. Allerdings beschreiben die Wurzeln der hebräischen Wörter das Verhalten des jeweiligen Tiers, so dass der Kontext dabei hilft, die Art zu identifizieren. Es handelt sich also um eine knifflige Aufgabe – beinahe könnte man glauben, der Teufel habe sich in den Text eingeschlichen, so wie einst in den Garten Eden, wo er in Gestalt einer Schlange auftaucht.

GENESIS 3,1-5

Die Schlange war listiger als alle anderen Tiere, die Gott, der Herr, gemacht hatte. „Hat Gott wirklich gesagt, dass ihr von keinem Baum die Früchte essen dürft?", fragte sie die Frau. „Natürlich dürfen wir", antwortete die Frau, „nur von dem Baum in der Mitte des Gartens nicht. Gott hat gesagt: ‚Esst nicht von seinen Früchten, ja – berührt sie nicht einmal, sonst müsst ihr sterben!'" „Unsinn! Ihr werdet nicht sterben", widersprach die Schlange, „aber Gott weiß: Wenn ihr davon esst, werden eure Augen geöffnet – ihr werdet sein wie Gott und wissen, was Gut und Böse ist."

Die Frau wird von der Schlange überredet, die verbotene Frucht zu essen, und sie gibt auch Adam davon. Es werden ihnen die Augen für Gut und Böse geöffnet und als Gott dessen gewahr wird, entspinnt sich folgender Dialog:

„Was hast du bloß getan?", wandte der Herr sich an die Frau. „Die Schlange hat mich dazu verführt! Nur wegen ihr habe ich die Frucht genommen", verteidigte sie sich. Da sagte Gott, der Herr, zur Schlange: „Das ist deine Strafe: Verflucht sollst du sein – verstoßen von allen anderen Tieren! Du wirst auf dem Bauch kriechen und Staub fressen,

Kobra (unten)

Andere Tiere | 157

solange du lebst! Von nun an werden du und die Frau Feinde sein, auch zwischen deinem und ihrem Nachwuchs soll Feindschaft herrschen. Er wird dir auf den Kopf treten, und du wirst ihn in die Ferse beißen!" Dann wandte Gott sich zur Frau: „Ich werde dir in der Schwangerschaft viel Mühe auferlegen. Unter Schmerzen wirst du deine Kinder zur Welt bringen. Du wirst dich nach deinem Mann sehnen, aber er wird dein Herr sein!" Zu Adam sagte er: „Statt auf mich hast du auf deine Frau gehört und von den Früchten gegessen, die ich euch ausdrücklich verboten hatte. Deinetwegen soll der Ackerboden verflucht sein! Dein ganzes Leben lang wirst du dich abmühen, um dich von seinem Ertrag zu ernähren. Du bist auf ihn angewiesen, um etwas zu essen zu haben, aber er wird immer wieder mit Dornen und Disteln übersät sein. Du wirst dir dein Brot mit Schweiß verdienen müssen, bis du stirbst. Dann wirst du zum Erdboden zurückkehren, von dem ich dich genommen habe. Denn du bist Staub von der Erde, und zu Staub musst du wieder werden!" Adam gab seiner Frau den Namen Eva („Leben"), denn sie sollte die Stammmutter aller Menschen werden.

GENESIS 3,13-20

Die Schlange ist in vielen Kulturen auf der ganzen Welt ein symbolträchtiges Geschöpf, von der altägyptischen über die nordische, griechische und indische bis zur australischen Mythologie. Die Episode, in der Adam und Eva der Schlange begegnen, wird im jüdischen und christlichen Glauben als Sinnbild für einige schwer zu begreifende Konzepte gelesen. Wie beschreiben wir den Abfall der Menschheit von Gottes Gnade, die Macht der Versuchung und die Quelle dieser Macht? Wie beschreiben wir den Unterschied zwischen Gut und Böse? In der Geschichte aus der Genesis dienen die unterschiedlichen Strafen Gottes für Adam, Eva und die Schlange dazu, Grundfragen von Leben und Tod zu erklären: Adam wird sich sein ganzes Leben lang mühen müssen, um sich zu ernähren, und Eva wird ihre Kinder nur unter großen Schmerzen zur Welt bringen können. Der Kampf zwischen Mensch und Schlange symbolisiert den fortwährenden Kampf zwischen Gut und Böse, und die Schlange wird immer verdammt bleiben und als Zeichen des Bösen gelten – insbesondere, als die Menschheit die todbringende Natur von Gift- und Würgeschlangen kennenlernt. Sie muss sogar auf dem Bauch zu Gott kriechen.

Die Israeliten beschweren sich bei Moses wegen des Nahrungsmittelmangels in der Wildnis (S. 28) und Gott sandte ihnen Manna. Und noch ein weiteres Wunder gab es:

> *Doch unterwegs verloren sie die Geduld und klagten Gott und Mose an: „Warum habt ihr uns aus Ägypten geholt? Damit wir in der Wüste sterben? Es gibt kein Brot, es gibt kein Wasser, nur immer dieses armselige Manna. Das hängt uns zum Hals heraus!" Da schickte der Herr ihnen Schlangen, deren Gift wie Feuer brannte. Viele Menschen wurden gebissen und starben. Die Israeliten liefen zu Mose und riefen: „Wir haben uns schuldig gemacht! Es war falsch, dass wir uns gegen dich und den Herrn aufgelehnt haben. Bitte den Herrn, uns von den Schlangen zu befreien!" Da betete Mose für das Volk, und der Herr antwortete ihm: „Mach dir eine Schlange aus Bronze und befestige sie am Ende einer Stange. Dann sag den Israeliten: Jeder, der gebissen wird und sie ansieht, bleibt am Leben." Mose fertigte eine Schlange aus Bronze an und befestigte sie an einer Stange. Nun musste niemand mehr durch das Gift der Schlangen sterben. Wer gebissen wurde und zu der Schlange schaute, war gerettet.*
>
> — NUMERI 21,4-9

Johannes erinnert seine Leser in seinem Evangelium an dieses Ereignis, wenn er wiedergibt, wie Jesus Nikodemus über die Auferstehung belehrt. Die ersten Hörer des Johannesevangeliums wussten, dass Gott den Israeliten in der Wüste ein neues Leben geschenkt hatte, und waren vermutlich verwundert über Jesus' Behauptung, er würde erhöht werden wie die Schlange (allerdings an einem Kreuz, wie Johannes festhält), und wer an seine Botschaft glaubte, würde ‚wiedergeboren' werden: „Ich aber bringe Leben – und dies im Überfluss." (Joh 10,10)

Moses kommt in zwei weiteren Schlangengeschichten vor, in Genesis 4 und 7. An anderer Stelle wird der weitverbreitete Glaube an die bösartige Natur der Schlange zur Beschreibung ungerechter Anführer eingesetzt:

> *Ihr Mächtigen, trefft ihr wirklich gerechte Entscheidungen?*
> *Gilt noch gleiches Recht für alle, wenn ihr eure Urteile fällt?*
> *Nein! Schon eure Gedanken sind von Ungerechtigkeit*
> *versucht, mit Willkür und Gewalt versklavt ihr das Land.*
> *Diese Rechtsbrecher sind von Geburt an verlogen und*
> *verdorben, wie eine Viper voll von tödlichem Gift.*
> *Doch wenn es darauf ankommt, sich etwas sagen zu lassen,*
> *dann verschließen sie ihre Ohren, sie stellen sich taub wie*
> *eine Schlange, bei der jede Kunst des Beschwörers versagt.*
>
> — PSALMEN 58,2-6

ANDERE TIERE

Traurigerweise hören wir heute in den Nachrichten nur zu oft denselben leidvollen Aufschrei in vielen Teilen der Welt, etwa von verfolgten Christen in mehreren Ländern Afrikas und Asiens.

Schlangen werden ganz allgemein mit der Beschreibung tödlicher Bedrohungen in Verbindung gebracht:

> PSALMEN 91,2.5.13
>
> *Auch ich sage zum Herrn: „Du schenkst mir Zuflucht wie eine sichere Burg! Mein Gott, dir gehört mein ganzes Vertrauen!" … Du brauchst keine Angst zu haben vor den Gefahren der Nacht oder den heimtückischen Angriffen bei Tag … Löwen werden dir nichts anhaben, auf Schlangen trittst du ohne Gefahr.*

Der Verfasser des Psalms schafft eine ausgewogene Balance zwischen den lauernden Gefahren und der Kraft von Gottes Hilfe, die dem Gläubigen zuteilwird. Im hebräischen Original wird die Schlange mit zwei verschiedenen Wörtern bezeichnet, was für die Übersetzenden stets eine Herausforderung dargestellt und zu mehr oder weniger großen Unterschieden in den verschiedenen Bibelübersetzungen geführt hat. Sollte sich die Stelle auf Kobras beziehen, so könnte es sich um die Ägyptische Kobra (*Naja haje*) handeln, die überall in Nordafrika zu finden war. Möglicherweise hatten die Israeliten in Ägypten Bekanntschaft mit ihr gemacht – in Palästina war sie laut den Aufzeichnungen Henry Tristrams eher selten anzutreffen. Tristram listet über zwei Dutzend Schlangenarten in der Region auf, darunter mehrere aus der Gattung der Vipern (*Vipera*). Dieser Name wird in verschiedenen Geschichten verwendet, um Schlangen zu beschreiben, vielleicht am dramatischsten hier, als Paulus auf seinem Weg nach Rom Schiffbruch erlitt:

> APOSTELGESCHICHTE 28,1-5
>
> *Als wir gerettet waren, erfuhren wir, dass die Insel Malta heißt. Die Einheimischen erwiesen uns ungewöhnliche Menschenfreundlichkeit; sie zündeten ein Feuer an und holten uns alle zu sich, weil es zu regnen begann und kalt war. Als Paulus einen Haufen Reisig zusammenraffte und auf das Feuer legte, fuhr infolge der Hitze eine Viper heraus und biss sich an seiner Hand fest. Als die Einheimischen das Tier an seiner Hand hängen sahen, sagten sie zueinander: Dieser Mensch ist gewiss ein Mörder; die Rachegöttin lässt ihn nicht leben, obwohl er dem Meer entkommen ist. Er aber schüttelte das Tier von sich ab ins Feuer und erlitt keinen Schaden.*

Die Inselbewohner dachten daraufhin, er sei ein Gott! Diese Identifikation der Schlange als Viper findet sich in der Einheitsübersetzung, in der Lutherbibel etwa wird der allgemeinere Begriff ‚Schlange' verwendet.

Paulus war davon überzeugt, dass alle Menschen Sünder seien und des Glaubens an Jesus Christus bedürften, um rechtschaffen zu werden. Die Sündhaftigkeit der Menschen beschrieb er so:

 **RÖMER 3,13** *Ihre Worte bringen Tod und Verderben. Durch und durch verlogen ist all ihr Reden, und was über ihre Lippen kommt, ist bösartig und todbringend wie Schlangengift.*

In Jakobs prophetischem Segen für seine Söhne findet sich ein Verweis auf eine Giftschlange:

HORNVIPER

> **GENESIS 49,17** *Er ist wie eine kleine, aber giftige Schlange am Wegrand. Sie greift ein Pferd an, und nach ihrem Biss fällt der Reiter zu Boden.*

Der Verrat des Stammes Dan wird später im Buch Richter, Kap. 18 erzählt. Die hier erwähnte Schlange wurde in der Vergangenheit mitunter als Wüstenhornviper (*Cerastes cerastes*) identifiziert, die in den Wüsten Nordafrikas und des Nahen Ostens weitverbreitet ist. Zu erkennen ist diese Schlange an den über ihren Augen sitzenden Hörnchen sowie an ihren charakteristischen Seitwärtsbewegungen.

Nach so vielen Verweisen auf Schlangen als unheilbringende Tiere mag die folgende Äußerung Jesu aus einer Weisung an seine Jünger überraschend erscheinen:

> **MATTHÄUS 10,16** *Ich schicke euch wie Schafe mitten unter die Wölfe. Seid klug wie Schlangen, und doch frei von Hinterlist wie Tauben.*

Der erste Satz weist klar auf Jesu Wissen darum hin, dass Israels Gefolgschaft gegenüber Gott alles andere als gefestigt war. Der zweite Satz klingt wie ein Sprichwort: Es war dies Jesu Art, die Jünger zu ermahnen, sich auf jede nur erdenkliche Art vor jenen, die sie verfolgen würden, zu schützen. Ebenso ist es ein Widerhall eines Ausspruchs der Rabbis, wonach Gott zu den Israeliten sagte: „Gegen mich

NILKROKODIL

sind sie rein wie Tauben, gegen die Völker aber schlau wie Schlangen." Womit wir wieder beim Garten Eden sind.

Wer bei der Bibellektüre auf eine ‚Schlange' stößt, tut gut daran, mehrere Übersetzungen zu konsultieren. So lässt sich am besten nachvollziehen, wie der Autor die Erwähnung des Tiers verstanden wissen will – als Gefahr der Natur, Symbol des Verrats, Verkörperung des Bösen. Als Wildtier ganz im wörtlichen Sinn oder aber als Symbol für einen christlichen Glaubensinhalt.

Dem leidgeprüften Hiob, der seine gesamte Familie verloren hat und denkt, er könne nicht mehr an Gott glauben, stellt Gott eine rätselhafte Frage:

> *Kannst du [den] Leviathan mit einem Angelhaken herausziehen?*
> *Oder kannst du mit einem Seil seine Zunge niederhalten?*
> *Kannst du eine Binse in seine Nase legen,*
> *...*
> *Oder kannst du mit einem Dorn seine Kinnbacken durchbohren?*
> *Wirst du seine Haut mit Harpunen füllen oder seinen Kopf mit Fischspießen? Leg deine Hand an ihn. Gedenke des Kampfes.*
> *Tu es nicht wieder.*

HIOB 41,1-2.7-8

Der US-amerikanische Hebraist und Literaturwissenschaftler Robert Alter schreibt in seinem Kommentar zu seiner modernen Übersetzung des Buchs Hiob: „Leviathan ist das furchterregende uranfängliche Seeungeheuer, das in der Mythologie der Kanaaniter durch den Gott der Ordnung unterworfen wird." Die meisten Kommentatoren denken, es handle sich hier um das Nilkrokodil (*Crocodylus niloticus*), mit einer Länge von bis zu 5,5 Metern das zweitgrößte lebende Reptil weltweit, dessen Lebensraum sich einst bis zum Nildelta erstreckte. Sicher haben die Israeliten während ihrer Zeit in Ägypten mit diesem Tier Bekanntschaft gemacht. Die Beschreibung bezieht sich eindeutig auf ein Tier, das im Wasser lebt und von Fischern gesichtet worden sein muss, die seine Stärke und Wildheit richtig einzuschätzen wussten. Der Verfasser von Psalm 104 und Jesaja schreiben ebenfalls über dieses Meeresungeheuer, wobei Letzterer es als „schnelle[s] Ungeheuer" bezeichnet, „das sich windet wie eine Schlange" (Jes 27,1).

Der Hauptgrund dafür, dass die Israeliten Nahrungsmittel in zwei Klassen unterteilten, reine und unreine (siehe S. 87), lag in dem Bemühen, die Heiligkeit der Israeliten als Gottes auserwähltes Volk zu wahren. Eine Liste trägt ganz besonders zu unserem Wissen über biblische Reptilien bei:

LEVITIKUS 11,29-30

> *Von den kleinen Tieren, die am Boden kriechen,*
> *sind für euch verboten: ... alle Eidechsenarten, Gecko,*
> *Salamander und Chamäleon.*

ANDERE TIERE | 163

NILWARAN

Verschiedene Kommentatoren räumen ein, dass die genaue Identifizierung mancher dieser Tiere schwierig ist. Man hat vermutet, dass das Nilkrokodil (*Crocodylus niloticus*) zu den ‚Eidechsenarten' gehört. Eine Quelle geht davon aus, dass sich hinter der Aufzählung die folgenden Arten verbergen: Der Hardun (*Stellagama stellio*; früher *Lacerta stellio*), der im ganzen Nahen Osten vorkommt und auf Feldern sowie in Gärten verbreitet ist, der Wüstenwaran (*Varanus griseus*), 2 m lang und weit verbreitet im Nahen Osten einschließlich Palästina, oder der gleich lange Nilwaran (*Varanus niloticus*), heimisch in Ägypten. Ein weiteres in Frage kommendes Tier ist der *Acanthodactylus beershebensis*, der nur in der südlichen Mitte Israels in der Wüste Negev zu finden ist; wahrscheinlicher ist aber eine kleine Mauereidechse wie etwa die weitverbreitete Syrische Eidechse (*Phoenicolacerta laevis*). Der ‚Salamander' könnte ein Gefleckter Walzenskink (*Chalcides ocellatus*) sein, eine von vielen in sandigen Gebieten zu findenden Arten, oder aber der Apothekerskink (*Scincus scincus*). Hinter dem ‚Gecko' dürfte sich der Europäische Halbfingergecko (*Hemidactylus turcicus*) oder der Fächerfußgecko (*Ptyodactylus gecko*) verbergen, und schließlich ist das Gemeine oder Europäische Chamäleon (*Chamaeleo chamaeleon*) zweifellos Teil der Liste.

Palästina ist Lebensraum für mehr als 20 Eidechsenarten, und bereits Jahrhunderte vor der Etablierung der Zoologie als Disziplin und der wissenschaftlichen Benennung der Arten kannten die Israeliten eigene Namen für die am leichtesten zu unterscheidenden Arten. In der Bibel finden sich zwei konkrete Bezugnahmen auf Eidechsen – eine bei Levitikus und die andere in den Sprüchen, wo es heißt: „Vier Tiere sind sehr klein" (Spr 30,24). Gemeint waren unter anderem die Eidechsen: „Du kannst sie mit den Händen fangen, und doch findest du sie in Palästen!" (Spr 30,28) In warmen Ländern wie Palästina sind kleine Geckos nicht selten auch in Innenräumen anzutreffen, wo sie mithilfe ihrer speziell angepassten, mit winzigen Härchen bedeckten Zehen über Decken und Wände laufen. Sogar eine Fensterscheibe können sie hochspazieren. Höchstwahrscheinlich handelt es sich bei ihnen um die Eidechsen, die der Autor gesehen hat, vielleicht eben sogar in einem Palast.

Trotz ihrer Bedeutung in der Liste der unreinen Nahrungsmittel kommen in modernen Übersetzungen sonst keine Bezugnahmen auf Eidechsen vor. Ein weiteres hebräisches Wort, mit dem moderne Übersetzungen noch immer ihre liebe Mühe haben, ist ‚tannîn'. Wir lesen, dass „die Drachen und Straußen" Jesaja preisen werden, Hiob fragt, „bin ich das Meer, der Meeresdrache?" und Jeremia glaubt, Jerusalem werde „zum Steinhaufen und zur Drachenwohnung". In modernen Übersetzungen

Europäisches Chamäleon

Mauereidechsen

werden diese Tiere meist als Schakale interpretiert, weil der Kontext zu diesem herumstreichenden Tier passt und wir nicht mehr den Drachen-Aberglauben früherer Jahrhunderte teilen.

Ein weiteres interessantes Tier begegnet uns in der zweiten großen Plage, die über die Ägypter kam:

> EXODUS
> 8,2-5
>
> *Aaron streckte seinen Arm mit dem Stab über die Wasserläufe in ganz Ägypten aus; da kamen so viele Frösche heraus, dass kein Stück Land mehr zu sehen war … Nun rief der König Mose und Aaron zu sich und sagte: „Bittet den Herrn, dass er mich und mein Volk von den Fröschen befreit! Dann will ich die Israeliten ziehen lassen, damit sie dem Herrn Opfer darbringen können." Mose erwiderte: „Ich überlasse es dir, die Zeit zu bestimmen, wann ich für dich, deine Beamten und dein ganzes Volk beten soll! Dann wird die Froschplage aufhören …"*

Doch der Pharao hielt nicht Wort, bis acht weitere Plagen über das Land kamen. Diese sollten zeigen, dass der Gott der Hebräer ein lebendiger Gott war, während die ägyptischen Götter zu nichts nütze waren. Die Froschplage war eine Wertung gegenüber Heket, die in Ägypten verehrte froschköpfige Göttin der Geburt. Der Verfasser der Offenbarung (16,13) nennt Frösche in einer seiner Visionen „böse Geister" (Offb 16,14), die die Menschen dazu bringen, die Sache des Bösen zu unterstützen; der Ruf der Tiere steht also in Einklang damit, dass sie als ‚unrein' gelten.

Zwei weitere Tiere sollten an dieser Stelle erwähnt werden, auch wenn beide keine Reptilien oder Amphibien sind. Die Schnecke (Gattung: *Helix*) wird in der Heiligen Schrift nur einmal erwähnt, als der Verfasser der Psalmen Gott bittet, er möge die gerechten Herrscher unterstützen und die ungerechten bestrafen, insbesondere mit Blick auf die Behandlung, die Letztere den Armen und Machtlosen angedeihen lassen:

> PSALMEN
> 58,7-9
>
> *O Gott, schlage ihnen die Zähne aus! Zerbrich diesen Löwen das Gebiss, Herr! Lass diese Mächtigen verschwinden wie Wasser, das im Boden versickert! Wenn sie ihre Pfeile abschießen wollen, dann sorge dafür, dass sie wirkungslos abprallen! Diesen Leuten soll es ergehen wie Schnecken in sengender Hitze! Wie eine Fehlgeburt sollen sie das Licht der Sonne nicht sehen!*

Dies ist ein lebendiges Bild aus dem richtigen Leben, wie der Autor es gesehen haben muss: Die Spur der Schnecke trocknet in der heißen Sonne auf steinigem Untergrund aus.

Auch der Blutegel wird in der Bibel erwähnt, und zwar in folgender Wendung:

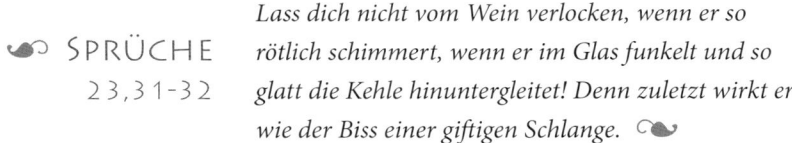

> **SPRÜCHE 30,15** — *Manche Leute sind wie Blutegel: „Gib her, gib her!", fordern sie.*

Blutegel sind blutsaugende Würmer, von denen der Medizinische Blutegel (*Hirudo medicinalis*), der auch in Israel vorkommt, am bekanntesten ist. Mit diesen Tieren leitet der Verfasser der Sprüche seine Warnung ein, dass wir nie unzufrieden sein und das Gefühl haben sollten, wir bräuchten mehr.

Viele Menschen wollen heute immer mehr und sind ohne Gegenleistung nicht zu helfen bereit. Unternehmen suchen ihren Gewinn zu maximieren, Frauenhelden sind stets auf der Suche nach der nächsten Eroberung und Alkoholiker wollen noch einen Drink – womit die Schlange, mit der wir begonnen haben, auch das letzte Wort behält:

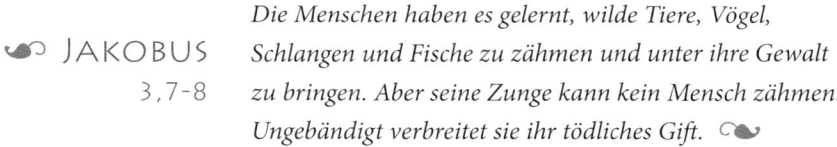

> **SPRÜCHE 23,31-32** — *Lass dich nicht vom Wein verlocken, wenn er so rötlich schimmert, wenn er im Glas funkelt und so glatt die Kehle hinuntergleitet! Denn zuletzt wirkt er wie der Biss einer giftigen Schlange.*

Es wird allgemein angenommen, dass Jakobus, Jesu Bruder, der Verfasser des nach ihm benannten Briefes im NT ist. Er schrieb ihn in den frühen 60er Jahren unserer Zeitrechnung für Judenchristen der ‚zwölf Stämme in der Zerstreuung'. Einen Großteil von Kapitel 3 verwendete er darauf, die Leser zu ermahnen, „ihre Zungen zu zähmen", um sicherzustellen, dass sie sie benutzten, um zu loben, nicht um zu fluchen. Er formuliert dies sehr prägnant:

> **JAKOBUS 3,7-8** — *Die Menschen haben es gelernt, wilde Tiere, Vögel, Schlangen und Fische zu zähmen und unter ihre Gewalt zu bringen. Aber seine Zunge kann kein Mensch zähmen. Ungebändigt verbreitet sie ihr tödliches Gift.*

Fische werden in der Bibel fast 70 Mal erwähnt. Für uns, die wir daran gewöhnt sind, dass alle Geschöpfe einen Namen haben, ist es bedauerlich, dass keine Art identifiziert wird – nicht einmal von König Salomo, der „von den Tieren des Landes, von Vögeln, vom Gewürm und von Fischen [dichtete]" (1 Kön 4,33). Der Jünger Simon Petrus und sein Bruder Andreas waren Fischer, bevor Jesus sie zu sich rief und sagte: „Ich will euch zu Menschenfischern machen" (Mat 4,19); auch mehrere Geschichten über Jesus erwähnen Fische – zum Beispiel die von dem Jungen mit den fünf Broten und den zwei Fischen, die wundersamerweise die Menge ernährten, und die von dem erstaunlichen Fang von 153 Fischen, die als Mahlzeit dienten, als Jesus nach seiner Auferstehung den Jüngern erschien (Mt 14, Joh 21 und Lk 24). Am nächsten kommen wir der Sache noch mit dem landläufigen Namen

Petrusfisch, bei dem es sich um die im See Genezareth verbreitetste Art handelt. Er gehört zu den Süßwasserfischen der Familie *Tilapia*. Sein Name im Volksmund rührt von dem Gespräch her, das Jesus mit Petrus führte, als die Eintreiber der Tempelsteuer in Kafarnaum eintrafen:

> MATTHÄUS 17,25-27
>
> *„Was meinst du, Simon, von wem erheben die Könige dieser Welt Zölle und Steuern? Von ihren eigenen Söhnen oder von den anderen Leuten?" Als Petrus antwortete: „Von den anderen!", sagte Jesus zu ihm: „Also sind die Söhne frei. Damit wir aber bei ihnen keinen Anstoß erregen, geh an den See, wirf die Angel aus und den ersten Fisch, den du heraufholst, nimm, öffne ihm das Maul und du wirst ein Vierdrachmenstück finden. Das gib ihnen als Steuer für mich und für dich."*

Vier Drachmen entsprachen dem Betrag der jährlichen Tempelsteuer für zwei Männer, etwa ein Zweitageslohn für einen jeden. Jesus wollte damit sagen, dass die Jünger zu Gottes königlichem Hausstand gehörten, nicht aber Juden, die noch ungläubig waren.

Interessanterweise finden wir auf der Liste der gezähmten Tiere bei Jakobus keine Insekten. Dessen ungeachtet erwähnt die Bibel einige – manchmal sogar recht ausführlich. Die meisten Stellen spiegeln wider, wie auch wir heute über diese winzigen Kreaturen aus Gottes Schöpfung denken. Man hört immer wieder einmal jemanden sagen: „Warum hat Gott es Wespen und Mücken und Heuschrecken erlaubt, paarweise die Arche Noah zu betreten? Sie sind eine schreckliche Plage!" Dieses Kapitel ist nicht der Ort, um den Nutzen dieser Arten für die Umwelt zu diskutieren, aber wir werden gleich herausfinden, was die Bibel über sie zu sagen hat.

Die Bienenzucht – Apikultur – wurde bereits von den alten Ägyptern praktiziert. Archäologen haben bei Ausgrabungen in Rehov im Jordantal Bienenstöcke entdeckt, die auf 900 v. Chr. zurückgehen. Es ist kaum vorstellbar, dass Jakobus nichts von Bienenstöcken oder Kolonien von Wildbienen gewusst haben sollte. Bienen und Honig werden in der Heiligen Schrift so oft erwähnt, dass eine der ersten Erwähnungen sprichwörtlich geworden ist.

> EXODUS 3,7-8
>
> *Der Herr sagte: „Ich habe gesehen, wie schlecht es meinem Volk in Ägypten geht … Nun bin ich herabgekommen, um sie aus der Gewalt der Ägypter zu retten. Ich will sie aus diesem Land herausführen und in ein gutes, großes Land bringen, in dem es selbst Milch und Honig im Überfluss gibt.*

Ein Land, in dem es sich gut leben lässt, wird gerne beschrieben als ein ‚Land, in dem Milch und Honig fließen'. So ist das Land beschaffen, wo die Israeliten jetzt lebten, in Kanaan. Lange nach dem

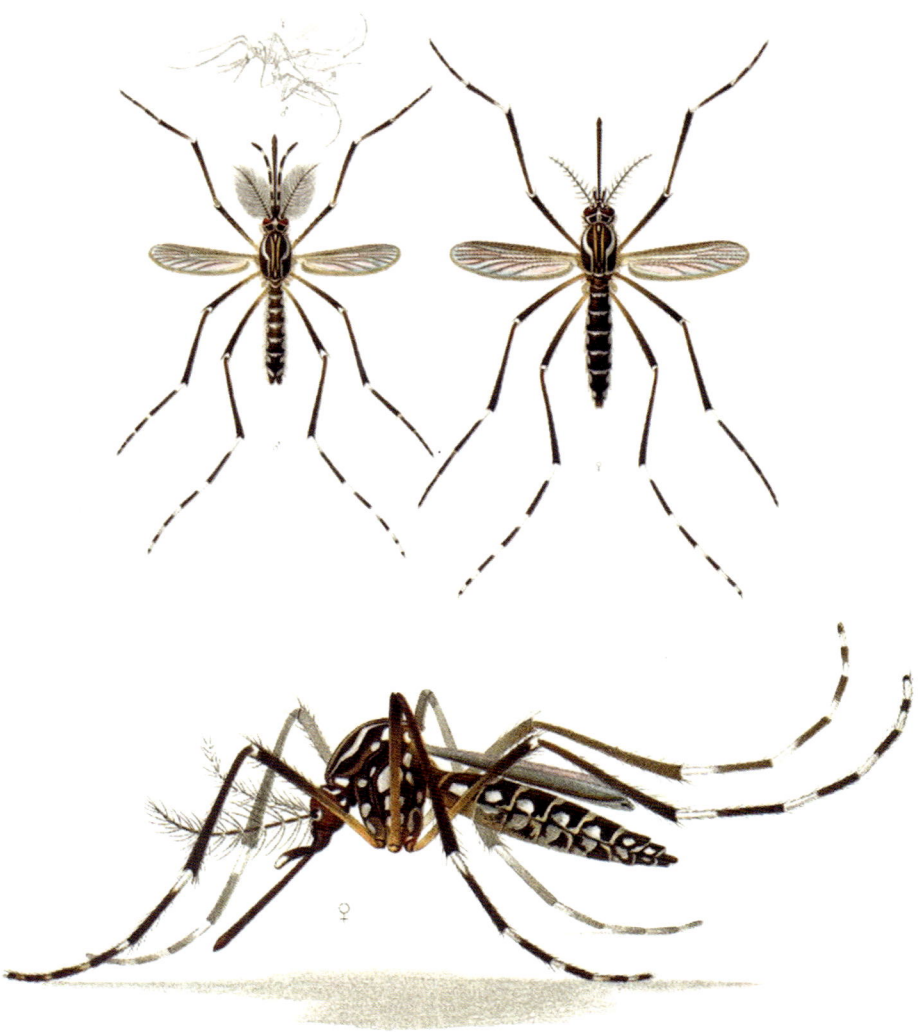

MOSKITO

Auszug aus Ägypten kämpfte König Saul gegen die Philister, die auf der Flucht waren, aber bevor die Israeliten sie verfolgten, wies Saul seine Männer an, vor dem Abend nichts zu sich zu nehmen:

> 1 SAMUEL
> 14,24-27
>
> *Das Volk nahm also bis zum Abend keine Nahrung zu sich. Das ganze Volk ging in den Wald. Da gab es Honig auf dem Boden des Feldes. Als das Volk in den Wald kam, siehe, da lief Honig dahin, aber niemand streckte seine Hand aus, um etwas davon zu nehmen. Denn das Volk fürchtete den Schwur.*

170 | PFLANZEN UND TIERE IM HEILIGEN LAND

Saul erfährt, dass Jonathan ihm offenbar nicht gehorcht hat, und droht, ihn zu töten, doch auf Bitten seiner Soldaten verschont er ihn. „Honig auf dem Boden des Feldes" klingt seltsam. Möglicherweise war ein Wildbienennest aus einem Baumwipfel heruntergefallen, so dass Jonathan seinen Stab hineintauchen konnte, oder aber es handelte sich um Honig von in Erdhöhlen nistenden Sandbienen oder Hummeln. Eine dritte mögliche Erklärung ist, dass die Philister auf der Flucht ihre Nahrungsmittel zurückließen – dies stünde auch im Einklang mit Jonathans Äußerung:

> 1 SAMUEL 14,30
>
> *Stellt euch vor, wie wir kämpfen würden, wenn unser Heer sich gestärkt hätte an dem, was die Feinde zurückgelassen haben!*

Eine sogar noch außergewöhnlichere Geschichte betrifft Simson. Bei seiner Hochzeit gibt er den 30 Begleitern, die ihm nach philistinischem Brauch gegeben wurden, ein Rätsel auf:

> *„Lass dein Rätsel hören!", antworteten sie.*
> *Da fragte Simson: „Was bedeutet das:*
> *Von dem, der frisst, bekam ich zu essen,*
> *und der Starke gab mir Süßes?"*
> *Drei Tage vergingen, ohne dass die Männer das Rätsel lösen konnten.*

Simsons neuvermählte Frau bittet ihn um die Antwort. Auf dem Weg zu seinem ersten Besuch bei ihr hatte er einen jungen Löwen getötet. Später kam er wieder an diesem vorbei, fand ein Bienennest in ihm und aß von dem Honig, was nach Art der Hebräer bedeutete, dass er verunreinigt war, da er einen toten Körper berührt hatte. Schließlich gibt er nach und verrät ihr die Antwort. Sie gibt diese natürlich an ihre Angehörigen weiter und:

> RICHTER 14,1-20
>
> *Bevor die Sonne unterging [die Frist, die Simson den Männern zum Lösen des Rätsels gegeben hatte], sagten die Männer zu Simson: „Was ist süßer als Honig und stärker als ein Löwe?" Er erwiderte: „Hättet ihr nicht mit meinem Kalb gepflügt, dann hättet ihr das Rätsel nicht gelöst."*

Wir betrachten Simson normalerweise als Helden. In der Tat hielt er Wort und gab jenen, die das Rätsel gelöst hatten, die versprochenen Kleider. Diese stammten jedoch von 30 Männer aus Askalon, einer der fünf wichtigsten Städte der Philister, die er niederschlug und ihrer Kleidung beraubte. Dies und die Beschreibung seiner Frau weisen auf einen ganz anderen Charakter hin. Verglichen mit der Geschichte, die wir als Kinder lernen, wonach er wegen der bösen Machenschaften von Delila (die im

Sold der Anführer der Philister stand) seine Stärke verlor, was letztendlich zu seinem Tod führte, erscheint er nun als ein weit weniger einnehmender Mann und kaum als ein Held – er gehorchte seinen Eltern nicht, übertrat das hebräische Gesetz, sprach abfällig von seiner Frau, war Delila verfallen und vor allem „wusste [er] nicht, dass der Herr von ihm gewichen war" (Rich 16,20). Und alles hatte mit Honig begonnen!

Ameisen (*Formicidae*), eine Familie mit über 10.000 bekannten Arten, werden in einem Spruch erwähnt:

> SPRÜCHE 6,6-8
>
> *Beobachte die Ameisen, du Faulpelz! Nimm dir ein Beispiel an ihnen, damit du endlich klug wirst: Kein Vorgesetzter treibt sie an; trotzdem arbeiten sie den ganzen Sommer über fleißig und legen in der Erntezeit ihre Vorräte an.*

Ameisen sind sicherlich nicht faul. Sie sind soziale Insekten, die in hochgradig strukturierten Gesellschaften leben und in Nestern, die sie in Bäumen, unter der Erde oder in Hügeln auf dem Boden bauen. Sie haben eine Königin, doch deren Rolle besteht lediglich darin, tausende von Eiern zu produzieren, die von ‚Arbeiterinnen' (flügellosen Weibchen) versorgt und bewacht werden. Die Männchen haben nur eine Funktion – sich mit der Königin zu paaren. Anschließend sterben sie. Die Kolonie überlebt dank der perfekten Arbeitsteilung, die genetisch in jeder Ameise verankert ist. Sie müssen darüber nicht nachdenken; sie tun es einfach. Ameisen sammeln sehr geschäftig Futter. Manche Arten melken Blattläuse oder Schildläuse, um an deren süße, Honigtau genannte Ausscheidungen zu gelangen; manche Blattschneiderameisen der Gattungen *Atta* und *Acromyrmex* schneiden Blätter, transportieren diese zum Nest und ernähren sich von dem dann darauf gedeihenden Pilz. In den Sprüchen lesen wir auch:

> SPRÜCHE 6,25
>
> *… die Ameisen – sie sind ein schwaches Volk, und doch legen sie im Sommer einen Vorrat an …*

Tatsächlich legen mehrere Arten Getreidevorräte für den Winter an. Doch was die Stärke der Ameisen (bzw. den vermeintlichen Mangel daran) anging, war der Verfasser weniger gut informiert. Für ihre Größe sind Ameisen sehr kräftig. Man braucht Ameisen nur eine gewisse Zeit zu beobachten, um Zeuge von bemerkenswerten Kraftakten zu werden. Winzige Ameisen, die in einer Reihe marschieren, transportieren Nahrung, Sandkörner und manchmal sogar kleine Kieselsteinchen zurück in ihre Kolonie. Sie können Gegenstände tragen, deren Gewicht ihr eigenes Körpergewicht um das 50-fache übersteigt. Ihre Muskeln und insbesondere die Nackenmuskeln – Ameisen tragen Lasten in ihren Kiefern – sind proportional dicker als die von größeren Tieren oder sogar von Menschen. Dieses Verhältnis erlaubt es ihnen, mehr Kraft zu entwickeln und größere Gegenstände zu tragen. Hätten wir die Muskeln von Ameisen, wären wir in der Lage, ein Familienauto über unseren Kopf emporzuheben! Ein weiterer bekannter Ausspruch stammt ursprünglich von dem Propheten Jesaja vor 3.000 Jahren:

> JESAJA
> 51,7-8
>
> *Habt keine Angst, wenn Menschen euch verhöhnen.*
> *Lasst euch durch ihr Gespött nicht aus der Fassung bringen!*
> *Denn sie werden vergehen wie ein Kleid und wie ein Wolltuch,*
> *das die Motten zerfressen.*

AMEISE BEIM MELKEN EINER BLATTLAUS

Heuschrecken, fliegende adulte Tiere und darunter flügelloses Larvenstadium

Jesaja lag ganz richtig, wenn er beobachtete, dass es die Raupe der Motte ist, die den Schaden anrichtet und dass deren Lieblingsnahrung Wolle ist. Sie können eine ernsthafte Plage sein, nicht zuletzt, da sie sich in beheizten Wohnungen das ganze Jahr über vermehren können. Die erwachsene Motte frisst nicht und stirbt nach der Paarung. Jahrhunderte später verwendet auch Jesus das Bild der Motte:

MATTHÄUS 6,19-21

Ihr sollt euch nicht Schätze sammeln auf Erden, wo Motten und Rost sie fressen und wo Diebe einbrechen und stehlen. Sammelt euch aber Schätze im Himmel, wo weder Motten noch Rost sie fressen und wo Diebe nicht einbrechen und stehlen. Denn wo dein Schatz ist, da ist auch dein Herz.

Während der Prophet Jesaja suggerierte, dass Menschen, die Ungemach verursachen, Schaden nehmen würden, verwendete Jesus die Kleidermotte (*Tineola bisselliella*) als ein Bild, um den Menschen bewusst zu machen, dass materieller Wohlstand nichts Bleibendes ist und – schlimmer noch – bedeutet, dass jemand Reichtum ‚anbetet' und nicht Gott.

Es gibt detaillierte Berichte von anderen Insekten, die als unangenehm oder schädlich galten und gelten. Auch heute sind Menschen oft unglücklich über das Auftreten von Wespen, Kleidermotten und Heuschrecken. Letztere sind wohl die wichtigsten Insekten in der Bibel, wo sie in vielen Geschichten eine bedeutende Rolle spielen. In Palästina kommen insbesondere zwei Arten vor, die Wüstenheuschrecke (*Schistocerca gregaria*), weit verbreitet in Nordafrika, im Nahen Osten und in Indien, und die Europäische Wanderheuschrecke (*Locusta migratoria*), die von Afrika bis Australien anzutreffen ist.

Die Israeliten wollten Ägypten, wo sie als Sklaven lebten, unbedingt verlassen, aber der Pharao ließ sie nicht gehen. Moses wendet sich hilfesuchend an Gott, dessen Hilfe in Gestalt schrecklicher Naturkatastrophen eintrifft – die blutrote Färbung des Nils, Frosch-, Stechmücken-, Stechfliegenplagen, verendete Viehbestände, Beulen, Hagel und als vorvorletztes (vor der Finsternis) Heuschrecken:

EXODUS 10,13-15

Mose streckte seinen Stab aus, und der Herr ließ einen Ostwind aufkommen, der den ganzen Tag und die folgende Nacht wehte. Am nächsten Morgen hatte der Wind riesige Schwärme von Heuschrecken herangetrieben. Sie fielen über ganz Ägypten her und ließen sich in allen Teilen des Landes nieder. Es war eine Heuschreckenplage, wie sie vorher noch nie dagewesen war und auch nicht wieder auftreten sollte. Die Heuschrecken verfinsterten den Himmel und bedeckten den Erdboden im ganzen Land. Sie fraßen die Früchte und alles andere am Boden und an den Bäumen ab, was vom Hagel verschont geblieben war. In ganz Ägypten fand sich an den Bäumen kein einziges grünes Blatt und auf den Feldern kein einziger Halm.

ANDERE TIERE

Der Verfasser des folgenden Psalms erinnert sich Jahre später an die achte der zehn großen Plagen, die über die Ägypter hereinbrachen, ehe sie den Israeliten erlaubten, das Land zu verlassen:

> **PSALMEN 105,34-35**
> *Auf seinen Befehl rückten Heuschrecken heran,*
> *riesige Schwärme, die nicht zu zählen waren.*
> *Sie machten sich über alle Pflanzen im Land her,*
> *alles, was grünte und blühte, fraßen sie kahl.*

Die Tatsache, dass der Ostwind die Heuschrecken nach Ägypten trieb, legt nahe, dass es sich um Wanderheuschrecken handelte. Heuschrecken bilden tatsächlich solche Schwärme und sind daher bei Landwirten gefürchtet. Die Israeliten wurden freigelassen, aber erst nach der letzten Katastrophe, dem Tod jedes erstgeborenen Sohnes einschließlich dem des Pharaos.

Es gibt in der Heiligen Schrift zehn hebräische Wörter für Heuschrecken. Das Insekt tritt in seinen ersten, noch nicht voll entwickelten und flügellosen Formen einzeln auf, bis es sich unter bestimmten günstigen Bedingungen mit anderen zu großen Gruppen zusammenfindet und schließlich, als fliegendes adultes Tier, zu Schwärmen, die „nicht zu zählen" sind. Vom Wind getragen können diese Schwärme sehr große Distanzen zurücklegen. Die Verfasser des 2. Buchs Mose (Exodus) und der Psalmen sowie der Prophet Nahum beschreiben dies also ganz zutreffend. Im späten 7. Jh. v. Chr. feierte Letzterer den Fall von Ninive, der Hauptstadt von Israels Feinden, den Assyrern, mit den Worten:

> **NAHUM 3,15-17**
> *Selbst wenn du deine Truppen verstärkst und ein Heer aufbietest*
> *so groß wie ein Heuschreckenschwarm: Deine Feinde werden wie*
> *gefräßige Insekten alles vernichten! Deine Händler sind zahlreicher als*
> *die Sterne am Himmel; doch plötzlich werden sie verschwunden sein –*
> *wie Heuschrecken, die aus der Puppe schlüpfen und wegfliegen.*
> *Deine Würdenträger und Beamten gleichen Heuschreckenschwärmen,*
> *die sich an einem kalten Tag auf einer*
> *Mauer niederlassen: Kaum bricht die*
> *Sonne durch, so fliegen sie davon, und*
> *niemand weiß, wo sie geblieben sind.*

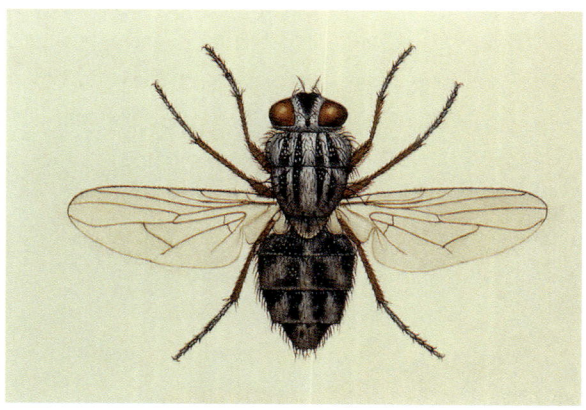

GEMEINE STECHFLIEGE

Ein Schwarm kann mehrere Quadratkilometer bedecken und Millionen von Insekten umfassen, von denen ein jedes täglich sein eigenes Gewicht an Nahrung verschlingt. Insgesamt fallen den Tieren so tausende Tonnen von wertvollen Feldfrüchten zum Opfer – was sich im Ägypten des Pharaos zutrug, war also eine immense Verwüstung von wertvollem Ackerland. Schwärme treten auch heute noch auf, wie z. B. in Palästina vom März bis zum Oktober 1915 und im Herbst 2004, was große Notlagen verursachte. Mehrere Organisationen weltweit überwachen heute die von solchen Schwärmen ausgehende Bedrohung und versuchen diese zu kontrollieren, indem sie die Heuschrecken oder die Vegetation, auf die sie sich zubewegen, aus der Luft mit Insektiziden besprühen.

Im NT gibt es drei Bezugnahmen auf Heuschrecken. Sie werden in Hinblick auf Johannes den Täufer in den Evangelien nach Matthäus und Markus erwähnt und in der Offenbarung in einer typischen Beschreibung des Schreckens, den sie verbreiten.

Nach mosaischem Gesetz galten Heuschrecken als rein, konnten also im Einklang mit dem Gesetz verzehrt werden. Sie werden auf verschiedene Art als Nahrungsmittel zubereitet. Manchmal werden sie zerstoßen, dann mit Mehl und Wasser vermischt und zu Kuchen gebacken, manchmal werden sie auch auf Kohlen geröstet oder in Butter gebraten. Von den alten Assyrern wurden sie auch in konserviertem Zustand gegessen, wie ein fast 3.000 Jahre altes Relief von einem Diener zeigt, der mehrere Dutzend von den Tieren auf Spießen zu einem Festmahl bringt – Heuschrecken-Kebab!

Niemand käme jedoch auf die Idee, Wespen zu essen! In vielen warmen und tropischen Ländern werden die Menschen beim Essen unter freiem Himmel von Wespen oder sogar ihren größeren Verwandten, den Hornissen (Gattung: *Vespa*), behelligt. Sie kommen bereits in der Geschichte vom Einzug der Juden ins Gelobte Land vor. Im hebräischen Text werden die Insekten mit dem Wort ‚tsir'ah' bezeichnet, das so viel bedeutet wie ‚stechend'. Gott sagt:

> EXODUS
> 23,27-28
>
> *Den Völkern, zu denen ihr kommt, werde ich Angst und Schrecken einjagen; aus lauter Verwirrung werden eure Feinde Hals über Kopf vor euch fliehen. Ich lasse Hornissen ausschwärmen, um die Hiwiter, Kanaaniter und Hetiter davonzujagen.*

Die genaue Bedeutung des hebräischen Worts, das hier als ‚Hornisse' übersetzt wird, ist nicht restlos geklärt. Das Wort wird auch Jahre später von Josua verwendet und jedes Mal wird die Hornisse als ein Mittel aufgeführt, die Kanaaniter zu vertreiben. Manche Kommentatoren nehmen an, dass das Wort metaphorisch verwendet wird als Symbol für eine Art Panik, die die Menschen als ‚Gottesfurcht' ergreifen würde. Für Palästina ist die hier wahrscheinlichste Art die Orientalische Hornisse (*Vespa orientalis*), die sich von der Hornisse (*Vespa crabro*) dadurch unterscheidet, dass sie größer ist. Die Tiere bilden unterirdische Kolonien. Es gibt dokumentierte Fälle von Angriffen dieser Hornissen auf Menschen, und Angriffe von Schwärmen auf Rinder und Pferde sollen für diese mitunter auch schon tödlich ausgegangen sein.

Weitere Plagen waren Stechmücken und Fliegen. Erstere wurden ungeheuer zahlreich, denn: „Aller Staub der Erde wurde zu Stechmücken im ganzen Lande Ägypten". Weiter heißt es:

> **EXODUS 8,17.25**
>
> *Wenn du dich weigerst, werde ich Schwärme von Fliegen auf dich und deine Beamten loslassen ... Ja, eure Häuser füllen sich mit Fliegen, und auch der Erdboden ist von ihnen bedeckt!*

Um welche Mückenart es sich genau gehandelt hat, wissen wir nicht. Stechmücken sind zumeist winzige Insekten, die bei der Paarung große Schwärme bilden, insbesondere in der Abenddämmerung. Es könnten sogar blutsaugende Mücken gewesen sein, die Krankheiten übertragen. Bei den Fliegen könnte es sich um die Gemeine Stechfliege (*Stomoxys calcitrans*) gehandelt haben, wie dies der Epidemiologe John S. Marr nahelegt. Sie kommt überall dort reichlich vor, wo Vieh gehalten wird. Es ist gut möglich, ja sogar wahrscheinlich, dass die Fliegen oder Stechmücken verschiedenen Arten der Familie der *Culicidae* angehörten, zu der etwa auch die als Malariaüberträger bekannten *Anopheles*-Arten zählen. Die meisten Arten brüten in stehendem Gewässer; die Bevölkerung am Ufer des Nils befand sich in einem Stechmücken-Habitat par excellance.

In der ersten Zeit nach der Flucht aus Ägypten beschwerten sich die Israeliten bei Moses wegen ihres Nahrungsmittelmangels. Wie wir gesehen haben (S. 28), sorgte Gott für Manna, das sie essen, keineswegs aber über Nacht aufbewahren sollten – was sie dennoch taten und am nächsten Morgen war es „voller Würmer und stank" (Ex 16,20). Aber eine spätere Weisung Gottes besagte, dass sie am sechsten Wochentag doppelt so viel sammeln konnten, es backen, kochen und alle etwaigen Reste für den Sabbat aufbewahren, den Ruhetag. „Und diesmal war die Speise nicht verdorben wie sonst und enthielt auch keine Würmer." (Ex 16,24) Es ist faszinierend, welche Details eine Geschichte *nicht* enthält, Details, die wir heutigen Leser gerne erfahren würden – waren die Insekten Moskitos? – und welche Details wir *erfahren* – Maden im Manna! Eine sogar noch schauerlichere Bezugnahme auf solche Kreaturen, die Larven einer bestimmten Fliegenart, findet sich in einem qualvollen Aufschrei von Hiob:

> **HIOB 7,5**
>
> *Mein Körper ist von Würmern und von dreckigem Schorf bedeckt. Meine Haut platzt auf und eitert.*

Hiob litt so stark, dass er seinen Wunsch zu sterben, verzeihlich fand. „Zum Ekel ist mein Leben mir geworden", ruft er Gott an. Später im Buch Hiob lesen wir von Gottes langer Antwort, die so viele Kreaturen seiner Schöpfung beschreibt, und Hiob wird davon überzeugt, dass sein Zorn unangebracht ist.

Ein weiteres unangenehmes Insekt findet sich in der Geschichte von Davids Beschwernissen mit König Saul verzeichnet, der nach David sucht, um ihn zu töten. Sie begegnen sich und David sagt zu Saul:

> **1. SAMUEL 26,20**
>
> *Wie man zur Rebhuhnjagd in die Berge geht, so jagt der König von Israel einem Mann nach, der so unbedeutend ist wie ein winziger Floh!*

Während David nicht davor zurückschreckt, sich selbst als winzigen Floh darzustellen, suggeriert er gleichzeitig, König Saul mache sich lächerlich, indem er ihm, einem unschuldigen Menschen, mit großem Jagdgefolge nachstelle. Die Rede verfehlt ihre Wirkung nicht, Saul segnet David und sagt, er werde große Dinge tun und Triumphe feiern. Weltweit gibt es ca. 2.000 Floharten, alles flügellose Insekten. Es sind äußere Parasiten, blutsaugende Insekten. Als Soldat kannte David mit größter Wahrscheinlichkeit den Menschenfloh (*Pulex irritans*), dessen Biss einen stark juckenden, also sehr irritierenden roten Fleck hinterlässt; abgesehen davon sind die Tiere auch Träger von Krankheiten.

Zwei Tiere beschließen dieses Kapitel, die keine Insekten sind, aber wie diese zu den Wirbellosen gehören. Das erste ist die Spinne, ein Mitglied der Ordnung der *Arachnida*, das acht Beine hat im Gegensatz zu den sechs bei Insekten. Es gibt weltweit über 40.000 Arten. Bildad, einer von Hiobs Freunden, der ihm Trost spenden will, glaubt, Hiob habe Gott gegen sich aufgebracht und das sei der Grund für sein Leiden:

HIOB
8,13–15

Genauso geht es dem, der Gott vergisst; wer ihm die Treue bricht, hat keine Hoffnung mehr. Worauf er sich stützte, das zerbricht, und seine Sicherheit zerreißt wie ein Spinnennetz. In seinem Haus fühlt er sich sicher, aber es bleibt nicht bestehen; er klammert sich daran, findet aber keinen Halt.

SPINNE

ANDERE TIERE

Wenn wir unversehens ein Netz berührt haben, werden wir uns seiner Fragilität bewusst. Auf den ersten Blick ist Bildads Illustration gut. Die moderne Wissenschaft jedoch hat entdeckt, dass die Seide der Spinne die Belastbarkeit von Stahl hat. Sie ist zwar nicht genauso stark wie Stahl, hat aber einen ähnlichen Bruchpunkt. Viele Vogelarten wissen dies und benutzen das Netz von Spinnen dazu, bei der Konstruktion ihrer Nester Material zusammenzubinden – Kolibris und der Buchfink sind gute Beispiele.

Als Hezekiel 30 Jahre alt war, das Alter, in dem ein Mann in den Priesterstand eintreten konnte, vernahm er einen Ruf Gottes:

HESEKIEL 2,3.6
Du Mensch, ich sende dich zu den Israeliten, diesem widerspenstigen Volk, das sich immer wieder gegen mich auflehnt … Du aber, Mensch, fürchte dich nicht vor ihnen, hab keine Angst vor ihrem Spott! Ihre Worte verletzen dich wie Disteln und Dornen – ja, du lebst mitten unter Skorpionen.

Jesus lehrte oft über das Gebet. Er forderte seine Anhänger dringlich dazu auf, im Gebet fest und beständig zu sein und nicht nur zu bestimmten Anlässen zu beten:

LUKAS 11,9-12
Darum sage ich euch: Bittet Gott, und er wird euch geben! Sucht, und ihr werdet finden! Klopft an, und euch wird die Tür geöffnet! Denn wer bittet, der bekommt. Wer sucht, der findet. Und wer anklopft, dem wird geöffnet. Welcher Vater würde seinem Kind denn eine Schlange geben, wenn es um einen Fisch bittet, oder einen Skorpion, wenn es um ein Ei bittet?

Beide Aufrufe nennen den Skorpion, eine achtfüßige Kreatur, die zur selben Klasse von Tieren gehört wie die Spinne. Es gibt über 1.000 bekannte Arten auf der ganzen Welt, hauptsächlich in warmen Klimazonen. Alle sind räuberisch, aber nur wenige sind giftig; diese sind es natürlich, derer sich die Menschen besonders bewusst sind. Das wird auch in der Stelle deutlich, in der Moses die Israeliten erinnert:

DEUTERONOMIUM 8,15
Er war es, der euch durch die große, schreckliche Wüste geführt hat, wo Giftschlangen und Skorpione lauerten.

Der Verfasser der Offenbarung war sich über den Stachel des Skorpions an der Spitze von dessen Schwanz sehr bewusst, als er in seiner Vision festhielt, die Gottlosen würden Qualen erleiden „wie sie der Stich eines Skorpions hervorruft" (Offb 9,5). Sämtliche Bezugnahmen auf den Skorpion kommen dann vor, wenn der Schreiber oder Sprecher darauf hinweisen möchte, wie schlecht Entscheidungen sind, die nicht im Einklang mit Gott getroffen werden.

Es ist schade, dass uns die Verfasser der Bibel nur von solchen Insekten berichtet haben, die Katastrophen symbolisieren, ein gutes Nahrungsmittel abgeben oder eine vorbildliche Lebensweise zu illustrieren vermögen. So gibt es darin keine Libellen oder Schmetterlinge, zwei Wunderwerke von Gottes Insektenschöpfung. „Ich habe in Israel von En Gedi bis zum Gipfel des Hermon Schmetterlinge gesucht und gesehen", sagte der Schmetterlings-Experte Jeffrey Zablow. „Die Zahl der Schmetterlingsarten ist beeindruckend und wird besonders durch Israels geografische Lage und seine vielen verschiedenen Habitate begünstigt." Auf seiner Website *Winged Beauty* hat Zablow eingehend über seine Israelreisen berichtet. Insgesamt gibt es dort fast 150 Schmetterlingsarten. Der Hermon ist der Hotspot für Schmetterlinge in Israel, mit nicht weniger als 100 verschiedenen Arten! Der Berg ist der südlichste Verbreitungspunkt für 30 dieser 100 Arten, die nicht in andere Teile Israels fliegen. Ich bin sicher, dass die Propheten, Psalmisten, Historiker, Christus, wie er in den Hügeln wanderte, und die frühen Christen Schmetterlinge gesehen haben müssen, aber als sie sprachen oder schrieben, waren ihre Gedanken mit anderen Dingen beschäftigt.

Dennoch müssen wir dankbar sein für die Insekten, von denen die Bibel berichtet und uns damit an die Süße des Honigs, die Betriebsamkeit der Ameise und die Weisheit erinnert, die darin liegt, auf Erden keine Reichtümer aufzuhäufen.

LITERATUR

Alter, R. (2010) *The Wisdom Books – Job, Proverbs and Ecclesiastes*

Böhm, M. (2019) *In den Himmel wachsen. Bäume der Bibel – Symbole für das Leben*

Beer, E. (2007) *Flora and Fauna of the Bible* (überwiegend Bilder)

Clauss, M. (2014) *Das alte Israel. Geschichte, Gesellschaft, Kultur*

Dobat, K. (2016) *Pflanzen der Bibel*

Falk, H. und Kawollek, W. (2005) *Bibelpflanzen. Kennen und Kultivieren*

Fish, H. D. (1998) *Animals of the Bible* (mit den preisgekrönten Illustrationen von D. P. Lathrop)

Goodfellow, P. (2013) *Birds of the Bible – a guide for Bible readers and Birdwatchers*

Goodfellow, P. (2015) *Fauna and Flora of the Bible – a guide for Bible readers and Naturalists*

Hadoram, S. (1996) *The Birds of Israel*

Hovel, H. (1987) *Checklist of the Birds of Israel*

Josephus, F. (ca. 93/94 n. Chr.) *Antiquitates Iudaicae*

Moldenke, H. und Moldenke, A. (2005) *Plants of the Bible*

Mullarney, K. *et al.* (1999) *Collins Bird Guide*

Parmelee, A. (1960) *All the Birds of the Bible*

Porter, R. *et al.* (2010) *Field Guide to the Birds of the Middle East, revised 2nd edition*

Rienecker, F. *et al.* (2017) *Lexikon zur Bibel. Personen, Geschichte, Archäologie, Geografie und Theologie der Bibel*

Tristram, Rev. H. B. (1884) *Fauna and Flora of Palestine*

Die Bibelstellen sind überwiegend der Übersetzung *Hoffnung für Alle* © 1983, 1996, 2002, 2015 by Biblica, Inc. entnommen, mit freundlicher Genehmigung des Herausgebers Fontis.

Weiterhin wurden verwendet die Lutherbibel, die Elberfelder Bibel, die Neue evangelistische Übersetzung, die Neue-Welt-Übersetzung der Heiligen Schrift, *Neues Leben Bibel*, die Einheitsübersetzung sowie die *Gute Nachricht Bibel*.

DANKSAGUNG

Dieses Buch ist das Ergebnis vieler Jahre der Bibellektüre und des Nachdenkens über die biblischen Geschichten sowie der Diskussion darüber in Zusammenkünften mit anderen Gläubigen bzw. dem Predigen darüber. Nichtsdestotrotz hatte ich das Bedürfnis, Inhalte und Interpretationen von anderen Kirchenmitgliedern gegenlesen zu lassen und ich bin Freunden aus der Crownhill Methodist Church, Plymouth, sehr dankbar, die das Manuskript gelesen und kommentiert haben. Ihre Unterstützung war mir eine große Ermutigung. Ich hoffe, dass das Buch zu einem besseren Verständnis dessen beiträgt, was die jeweiligen Autoren vor Augen hatten, wenn sie die Pflanzen und Tiere benannten.

Register

A
Acanthodactylus beershebensis 164
Accipiter brevipes 137
Ackerbohnen 61, 66
Acorus calamus 65
Adler 109, 115, 123, 130, 132-135, 137, 143
Afrikanischer Esel 103
Ägyptische Kobra 160
Akazie 17, 18, 19
Alectoris chukar 149
Aleppo-Kiefer 20
Aloe 63, 65, 67
Aloe vera 67
Alraune 69, 70
Ameise 172-173, 181
Amnoperdix heyi 149
Anethum graveolens 61
Anthropoides virgo 121
Antilope 87, 106, 123
Apothekerskink 164
Apus apus 154
Apus unicolor 154
Aquila chrysaetos 135
Aquila pomarina 135
Aquila rapax 135
Arabisches Sandhuhn 149, 151
Asio flammeus 126
Auerochse 90, 92

B
Bankivahuhn 145
Bartgeier 115, 137
Bienen 169, 171
Bienenfresser 111
Blässgans 145
Blattschneiderameisen 172
Borstenrabe 129
Bos primigenius 90
Bubo bubo 125
Bubulcus ibis 145
Buscheiche 11
Bussard 138
Buteo buteo 137

C
Camelus dromedarius 101
Canis aureus syriacus 84
Canis lupus 82
Canis lupus arabs 82
Capra aegagrus 89
Capra hircus 89
Capreolus capreolus 108
Carduelis carduelis 155
Cedrus libani 19
Cerastes cerastes 162
Ceratonia siliqua 43
Chalcides ocellatus 164
Chamaeleo chamaeleon 164
Chamäleon 163-164
Christusdorn 11
Chukarhuhn 149, 152
Citrullus lanatus 59
Citrus medica 27
Coccifera 14
Cocos nucifera 24

Columba livia 148
Columba oenas 148
Columba palumbus 148
Commiphora gileadensis 65
Commiphora myrrha 65
Corvus corax 128
Corvus rhipidurus 129
Corvus ruficollis 129
Coturnix coturnix 149
Crocodylus niloticus 163, 164
Crocus sativus 65
Cuminum cyminum 61

D
Dattelpalme 21, 23-24, 43
Dill 61, 64
Distel 11, 84, 158
Dorkasgazelle 106, 107
Dromedar 100, 101
Drossel 118

E
Eidechse 163, 164
Einfarbsegler 154
Eisvogel 110
Equus africanus 103
Equus asinus 103
Equus ferus 98
Equus ferus przewalski 98
Erdbeerbaum 11
Eule 112, 125
Euphrat-Pappel 23
Europäische Wanderheuschrecke 175, 176
Europäischer Halbfingergecko 164
Europäisches Chamäleon 164, 165

F
Fächerfußgecko 164
Falco peregrinus 140
Falco tinnunculus 140
Falke 123, 137, 138, 140
Fasan 149, 152
Feige 34, 35, 36, 38-41
Felsentaube 147, 148-149, 153
Ficus carica 40
Ficus sycomorus 40
Fischadler 115, 140
Flachs 50, 69
Fledermaus 116
Floh 178-179
Francolinus francolinus 149

G
Gallus gallus 145
Gans 114, 145-146
Gänsegeier 115, 116, 127, 132
Gazella dorcas 106
Gelbsteißbülbül 112, 152, 155
Gemeine Stechfliege 176, 178
Gerste 21, 35, 49, 50, 51, 52-53, 54, 56, 58, 61, 93
Getreide 30, 36, 48, 55, 56, 58, 59, 61, 93, 172
Gimpel 155
Goldschakal 84

Granatapfel 32, 33, 34, 35, 63, 69
Graugans 145
Grüne Minze 60
Grünfink 152
Grus grus 121
Gypaetus barbatus 137
Gyps fulvus 127

H
Habicht 116, 137, 138
Häher 110
Halsbandfrankolin 149
Hardun 164
Hausesel 103
Haussperling 153
Hausziege 89
Heiliger Ibis 121, 144
Helmperlhuhn 146
Hemidactylus turcicus 164
Henna 63
Hirsch 87, 106, 108, 145
Hirudo medicinalis 168
Hirundo daurica 153
Hirundo rustica 153
Hohltaube 148
Honig 30, 35, 36, 43, 61, 169, 170-172, 181
Honigtau 30, 172
Hordeum vulgare 50
Hornisse 177
Hummel 171
Hyssopus officinalis 71

I
Ibis 121

J
Jerichonektarvogel 152
Jungfernkranich 122

K
Kalmus 63, 65, 68
Kamel 24, 87, 101, 102, 103, 104, 108, 123
Kanarengirlitz 155
Kaptäubchen 110
Karminschildlaus 14
Karob 42, 43
Kermeseiche 11, 14
Kleidermotte 175
Klippschliefer 108
Kobra 156, 157, 160
Kohlmeise 152
Kokospalme 24, 25
Kormoran 114-115
Kranich 121-122
Kreuzdorn 11
Kreuzkraut 11
Kreuzkümmel 61
Kuckuck 146, 152
Kuh 81, 90, 92
Kuhreiher 143, 145
Kurzfangsperber 137
Küstenmammutbaum 15

L
Lämmergeier 116, 137, 138
Lavendel 11
Lawsonia inermis 63
Lens culinaris 61
Leopard 79, 80, 81, 109
Linsen 58, 61, 63
Linum usitatissimum 69
Locusta migratoria 175
Löwe 72-77, 79, 80, 81, 86, 127, 143, 160, 167, 171

M
Mandel 29, 30, 32
Mandragora officinarum 69
Manna 28, 30, 158-159, 178
Mauereidechsen 164, 166
Mauersegler 152, 154
Maulbeerfeige 36, 40, 41
Mäusebussard 136, 137
Medizinischer Blutegel 168
Menschenfloh 179
Mentha piperita 60
Mentha spicata 60
Milan 115, 128, 130, 138
Minze 59, 60, 71
Moskito 170, 178
Motte 173, 175
Myrrhe 63, 65, 67
Myrte 11, 19, 21, 26, 27
Myrtus communis 26

N
Nachtschwalbe 115
Naja haje 160
Natter 156, 160
Neophron percnopterus 127
Nerium oleander 23
Nilkrokodil 162, 163, 164
Nilwaran 164
Numida meleagris 146

O
Ochse 56, 87, 90, 92
Oena capensis 110
Ölbaum 19, 105, 129
Olea europaea 35
Oleander 23
Olive 20, 24, 35-38, 50, 52
Onychognathus tristrami 155
Orientalische Hornisse 177
Otter 156, 160

P
Palmtaube 149, 152
Pandion haliaetus 140
Panthera leo 72
Panthera pardus 80
Pappel 21, 22, 23
Papyrus 11
Passer domesticus 153
Petersfisch 169
Pfefferminze 60, 62
Pferd 98-101
Phalacrocorax pygmaeus 115
Phasianus colchicus 152
Phoenicolacerta laevis 164
Phoenix dactylifera 23
Pistazie 30, 31, 32
Populus alba 23
Populus euphratica 23

Procavia capensis 108
Prunus dulcis 30
Przewalski-Pferd 98
Ptyodactylus gecko 164
Pulex irritans 179
Punica granatum 32
Pyrrhula pyrrhula 155

Q
Quercus 14

R
Rabe 115, 116, 128-131
Rallenreiher 145
Raubadler 134, 135
Rauchschwalbe 153
Rebhuhn 146, 151, 152, 178
Reh 87, 108
Reiher 115, 116, 143, 145
Ringeltaube 148-149
Rosmarin 11
Rötelfalke 142
Rötelschwalbe 153, 154
Rotfuchs 86
Rothalsgans 145
Rotmilan 138, 139

S
Salbei 11
Sandbiene 171
Schafe 13, 40, 48, 55, 83, 87, 89, 90, 93-94, 95-98, 104, 145, 162
Schistocerca gregaria 175
Schlange 83, 109, 137, 156, 158-163, 168, 180
Schleiereule 115, 116, 126
Schmutzgeier 115, 127
Schreiadler 135
Schwalbe 114, 118, 121, 153-154
Schwarzmilan 116, 128, 138, 141
Scincus scincus 164
Seemöwe 116
Seidenreiher 143
Serinus canaria 155
Serinus syriacus 155
Shittah 18
Skorpion 180
Spinne 179-180
Star 155
Stecheiche 14
Steinadler 133, 135
Steinbock 87, 88, 89
Steineiche 11, 14, 15
Steinkauz 115, 116
Stellagama stellio 164
Stieglitz 155
Stomoxys calcitrans 178
Storch 113, 115, 116, 118-122, 123
Strauß 84, 116, 122-123, 124, 125, 164
Streifenhyäne 84, 85
Streptopelia decaocto 149
Streptopelia senegalensis 149
Streptopelia turtur 148
Sturnus vulgaris 155
Sumpfohreule 126
Syrische Eidechse 164
Syrischer Braunbär 77, 79
Syrischer Fuchs 84, 86

T
Tamariske 11, 27, 28, 30
Taube 38, 83, 112, 118, 129-130, 140, 146, 153, 162-163
Tilapia 169
Tineola bisselliella 175
Trappe 125
Tristramstar 155
Triticum aestivum 58
Türkentaube 149
Turmfalke 140
Turteltaube 112, 148, 149, 150, 152, 153
Tyto alba 126

U
Uhu 125
Ursus arctos 79
Ursus syriacus 79

V
Varanus griseus 164
Varanus niloticus 164
Vespa crabro 177
Vespa orientalis 177
Vicia faba 61
Vieh 41, 48, 87, 90, 92, 93, 95, 103, 104, 145, 175
Vitis vinifera 43
Vulpes thaleb 86
Vulpes vulpes 86

W
Wacholder 11, 19
Wachtel 28, 30, 146, 149-150
Waldohreule 115, 116
Walzenskink 164
Wanderfalke 138, 140
Wassermelone 57, 59
Weide 21, 23, 26
Weintraube 35, 36, 37, 43, 44, 45-46, 47, 84
Weißstorch 116, 118-122
Weizen 35, 49, 50, 51, 52, 53, 56, 58, 61, 93, 145
Wiedehopf 115, 116, 117
Wilder Thymian 11
Wildochse 82
Wildpferd 98
Wildschaf 87, 93, 94
Wildziege 89, 91
Wolf 81-83, 86, 130, 162
Wüstenheuschrecke 175
Wüstenhornviper 162
Wüstenkauz 116, 125
Wüstenrabe 129
Wüstenwaran 164

Y
Ysop 71

Z
Zeder 13, 14, 19-21, 40, 113
Ziege 13, 48, 55, 81, 87, 89, 90, 93, 95, 104
Zimt 63, 65
Zistrose 10, 11
Zitrone 26, 27
Zwergölbaum 11
Zwergscharbe 114, 115
Zypresse 19, 20, 113, 121